领导的方与圆
袖珍版
曾仕强 ◎ 著

北京联合出版公司
Beijing United Publishing Co.,Ltd.

图书在版编目(CIP)数据

领导的方与圆:袖珍版/曾仕强著. -- 北京:北京联合出版公司,2021.5
ISBN 978-7-5596-4995-9

Ⅰ.①领… Ⅱ.①曾… Ⅲ.①企业领导学 Ⅳ.① F272.91

中国版本图书馆 CIP 数据核字(2021)第 056133 号

领导的方与圆:袖珍版

作　　者:曾仕强
出 品 人:赵红仕
选题策划:北京时代光华图书有限公司
责任编辑:张　萌
特约编辑:王萌萌
封面设计:新艺书文化

北京联合出版公司出版
(北京市西城区德外大街 83 号楼 9 层　　100088)
北京时代光华图书有限公司发行
天津市祥丰印务有限公司印刷　　新华书店经销
字数 115 千字　　880 毫米 ×1230 毫米　　1/64　　5 印张
2021 年 5 月第 1 版　　2021 年 5 月第 1 次印刷
ISBN 978-7-5596-4995-9
定价:58.00 元

版权所有,侵权必究
未经许可,不得以任何方式复制或抄袭本书部分或全部内容
本书若有质量问题,请与本社图书销售中心联系调换。电话:010-82894445

目录

第一章　外圆内方的要义

"方"：方针、准则　　003
"圆"：变通、涵养　　007
方形是"经"，圆形是"权"　　010
有所变，有所不变　　011
循则而变　　013
合理变通　　017

第二章　建立合乎人性的制度

管理制度化　　025
自觉遵守合理的制度　　026
由下而上定制度最有效　　032
领导有最终决定权　　033

上下多交流，彼此多尊重　　　　　034
好制度关键在执行　　　　　　　　041
凡事合理合法　　　　　　　　　　043

第三章　处理问题的基本思路

遇事首先讲情　　　　　　　　　　049
要用情和行动去化解　　　　　　　050
依法处理有前提　　　　　　　　　054
处理问题人性化　　　　　　　　　056
得到面子要格外讲理　　　　　　　057
执行制度要有软件配合　　　　　　060

第四章　处理问题要谋定而后动

思考的方式和处理问题的方式相反　069
做事要合法　　　　　　　　　　　070
遇事要变通　　　　　　　　　　　072
不能变通，要求得理解　　　　　　077
合理合法，还要考虑可能产生的后遗症　081

第五章　做好上级交办的事情

与上级交往的第一条：不能拍马屁　　087
上级交办的事情要接受　　092
难以领命的事情不能做，也不能说　　096
研究实际情况，有问题提出来试试看　　097
有问题请上级拿主意　　099
察言观色，心中有数　　101

第六章　部属工作做不好领导有责任

指派工作是考验上级的能力　　107
适当指派工作，还要跟踪指导　　109
老板和员工要好聚好散　　112
部属工作做不好："不能"？"不为"？　　116
"不为"的原因　　117
安抚好能干、耍大牌的部属　　119

第七章　正确处理部属越级报告

越级报告为非常态，不是常态　　125

处理越级报告的是与非	127
认真倾听，但不必亲自处理	129
静观其变，无为而治	130
认真与部属沟通	133
各居其位，各自修炼，各安其所	137

第八章　上级越级指示部属要回应

上下够不着，中间最难受	143
不抗议，不询问	146
自行承接越级指示须自行负责	148
教训与宽容并举	150
老板做事要留有余地	153
承接越级指示要慎重	158
对待平行同事的越位指示要留心	160

第九章　向上级报告应择时机

| 尊重领导 | 165 |
| 带着方案去请示 | 166 |

报告要分三段讲	170
发生分歧要调整	172
报告要择时、择机，点到为止	175

第十章 少向部属做指示

少做指示，要借用别人的智慧	185
提出问题，让部属制定方案	188
集众人之智	191
把指示放在腹中	193
让部属多动脑筋找出最佳方案	195
中层干部要学会承上启下	196
保持紧急时发号施令的权力	200

第十一章 善待平行同事

平行同事一般大	205
将心比心，互相体谅	207
同级之间要照顾	211
要保证跟你打交道不会吃亏	214

同事之间要善待 218
竞争：你看有则有，你看无则无 221

第十二章 指派新任务要量才适用

企业不断增加新任务 227
让下级心甘情愿地接受新任务 230
用简化、合并、重组的方法调整原有工作 237
指派新工作要量才适用 240
指派新任务由主管控制 241
适当少派好差事给不接受指派者 242

第十三章 实施走动式管理确保如期完成任务

如期完成任务 247
不要等到最后才发现不能兑现 248
要及早想办法解决进度问题 252
因人而异，一切都在控制之中 254
要有补救方案才妥当 259
绝不能降低质量 263

第十四章 如何处理部属的错误

预防为先	267
派人实地检查部属的工作	270
指出部属错误要有策略	272
初犯不罚,再犯不赦	276
重在教育过程	277
管理干部重在做人,教育员工要诚心诚意	282

第十五章 做事是否合理的判断准则

人性喜欢合理,但合理与否很难讲	287
做事先定位,位置不同则道理不同	291
时也,命也,势可以造,时只能等	292
合理是"中",不合理是"不中"	293
做事合理与否看看反应就知道	294
灵活运用合理的标准	296
干部没有权力批评老板	299

第一章
外圆内方的要义

外圆内方是中国人非常注重的一个做人原则,我们把这种原则引入到管理学这个领域。那么,该如何在管理学当中应用它呢?

"方":方针、准则

做人要有原则

企业一定要有企业文化,否则员工就没有共识。在企业里面,"方"就叫作企业文化。

对领导来讲,"方",就是有几个基本不能改变的原则。领导一定要有一套原则,不然,让大家猜来猜去猜不着,最后会很乱。

孔子说"三十而立"。我的理解是:一个人不到三十岁不要有原则,因为你的很多原则是错误的。但是这还不够,你还要去磨炼、去尝试,从而做到"四十不惑",就是三十岁时定下的原则，经过十年的实践，觉得很有把握了，从此就不改变了。

所以，一个人不能太早就确定原则，但是也不能够太晚还没有原则，这是非常重要的事情。

什么是原则？就是一些方针、准则，是心中的东西，是不会改变的。

民族性没有好坏，不同的民族适应其所在的不同的生态环境所产生的一种生活方式，没有好坏的原则，既不必学也不必改——要各取所需，不要盲目学别人。也就是说，我们应该是在不同地方、不同条件下，采取各自不同的原则。

每个人也都会有自己的原则，因为实际上每一个人都要替自己负责。你有什么原则，它带来的结果你要负责。

做人还要留有余地

我们不可能外方内圆,因为如果这样,"圆"就没有功效了,而且"方"也被人家看出来了。孔子讲"君子可欺以其方",为什么这些君子老是吃亏、老是上当呢?就是因为君子们太方正了,很容易被人利用。年轻人也一样,总觉得自己很有正义感,结果常常被利用。

我认为,一个人有什么原则,最好不要让别人一眼看穿。特别是在领导和部属相处之时,领导如果被部属了解的话,就会被架空,就会失去控制力。

所以,做领导的人,一定要有几分保留,每个员工也一定要有几分保留。不能完全了解你的领导,那将对自己非常不利。但是,明明完全了解对方,也要有一部分保留——装作不知道。

历史上最了解唐明皇的人就是高力士。高力

士把唐明皇服侍得服服帖帖,但唐明皇并不喜欢。有一天,唐明皇对高力士讲:"我所有的事情你都知道,所有的事情都是你安排的,我什么都听你的,我还算皇帝吗?"

举这个例子是想说明,老板不喜欢完全了解他的干部。但是,老板更不喜欢不了解他的干部。中庸之道讲的就是这个道理。你不了解他,他跟你距离很远,工作起来两个人没有默契;你完全了解他,他怕你,因为他怕最后完全被你控制住了。

因此,我们要学会"外圆内方"。把"方"放在我们的肚子里面,自己清楚,外面所表现出来的则是"圆"。一个人如果表现出"什么都好、无所谓",这样也可以、那样也可以,那是他的圆,不是他的"真实"。

"圆"：变通、涵养

我曾经接触过很多非常成功的人，他们都是些圆通、含蓄、有涵养的人。

我们跟某人一起吃饭，其实他是吃纯素的，可是吃了一顿饭下来，没有人知道他要吃纯素——他照样动筷子，照样夹东西，但一口都没吃。可是，几乎没有人发现。

坐在他旁边的我发现了，就问他："你吃素吗？"他说："其实也没有什么。"我马上偷偷地叫厨房给他准备素面，然后端来。他一再对我说："你太客气了，用不着了，我照样吃得很饱。"

我们这样做的结果是大家都非常有面子，这叫作"圆通"。

在我看来，某人很懂得自己和主人、和大家的关系：吃素是个人的事情，任何人都没有理由去强制别人配合自己。

有人问,如果他不说的话,碰到的主人又不像你这么敏感,他不是很吃亏吗?不是会吃不饱吗?

其实吃一次亏又有什么呢?因为主人事后会很内疚,会给他补偿的。

假如这一次主人没有发觉客人什么都没吃,一段时间后他听人家说起某个人是吃素的,他就会想:哎呀,糟糕啊,那天他到我家什么都没吃。于是,主人会觉得亏欠了客人,就会想办法去弥补,客人就会得到更多。

中国人是这样的:会礼让的人永远是不会吃亏的,爱争的人永远争得的是一个很小、很小的东西。这个原则同样非常适用于员工和老板、员工和员工之间。

员工中太爱争的,有了职位空缺老板也不会考虑他。聪明的人不会自己去争取,他会鼓动别人去争取:"该你的了,你熬了那么久,当然是你的。"中国人从小就懂这一道理，但西方人会觉得很奇怪。

爸爸回来了，儿子就要去迎接爸爸。有的小朋友很聪明，一听说爸爸回来了，他会先看一看情况，一看情况不对，赶快回来。如果他有弟弟，有什么话一定要叫弟弟去跟爸爸讲。这不是鬼鬼祟祟，也不是阴险狡诈，而是中国人自有那样一套方法。

一个人有原则要坚持，但是千万记住，这个原则要经过考验、经过实践，不是随随便便确定的。

如果一个人总是不把自己的原则显露出来，会不会被别人认为这个人有点投机取巧，或者被人批评为没有原则呢？作为中国人要有心理准备，不管怎么行得正，背后都有人批评，所以不要太在乎。大家都说你好，你不一定好；大家都说你坏，你一定坏。我们可以让坏的人说我们坏,但是要让好的人说我们好。如果好人、坏人都说我们好,那我们就是完全没有原则的人。

方形是"经",圆形是"权"

外圆内方有一个尺度问题,就是内在的"方"和外在的"圆"要怎么去结合的问题:既要掌握原则,又要善于变通。那么,在什么时候掌握原则,又在什么时候变通呢?

这是掌握外圆内方原则真正的关键问题。圆与方的关系有三种情况:一种是二者之间距离很大;一种是距离很小;还有一种,圆根本就是偏到旁边,这种状态就叫作毫无原则,因为虽然有原则,但是没有跟进,这种情况我们用四个字来形容,叫作"离经叛道"。

中国这个典故是非常好的,方形叫作"经",就是常规、原则的意思,圆形叫作"权",就是权变的意思；中国人有经、有权，有所变、有所不变。

有所变，有所不变

我们现在又碰到一个很大的麻烦，即理论和实践的麻烦。

现在，受西方影响的中国企业界都强调：变是唯一的道路，不变就要死亡。对此，我心存疑虑。

中华民族是最懂得变的民族，但是我要提醒各位：有80%的变是错误的，是不好的。人生不如意事十有八九，我们不可能不变，但是一变往往就出问题。让我们来看一下这些变化规律：人越变越老，事情越变越糟，东西越放越坏……通通没有例外。所以，人做的事情，就是让本来要变坏的东西不要变坏，让它往好的方向上去变，这是人力所能为的。

这正是我们为什么要逆其道而行之的道理，不能顺，但也不能不顺。这样看来，好像我们永远摇摆不定，实际上这其中包含着很深奥的道理。

什么叫作听其自然？什么叫作顺其自然？什么叫作变？什么叫作不变？这是很大的学问。《易经》讲了变化的道理，西方人到现在都搞不懂，他们提出了"权变理论"，但是很多时候都没有发挥出应有的作用。

我相信很多搞企业、搞管理的人在看过"权变理论"后将其奉为经典。但是也应看到，80%的"创新"泡汤了，可是不创新又是死路一条。经营企业的人总是在说"只要创新就行了"，这样说太绝对了。

例如领带，能怎么变呢？宽得像毛巾一样，不像话；窄得像一根绳子一样，也不像话；太短就看不见了；太长就扎进裤子里去了……所以，领带只能在花色、材料上变，不可能有其他的变化，其可以改变的空间是非常小的。

循则而变

持经达变

现在常常有人讲要"创新"，我认为那都是"鬼话连篇"。我们一定要读读老子的书，老子的道理是：不可不变，不可乱变。所以，我们要研究发展变化，要在20%里面变化，千万不能在80%里面变化。

我们现在学西方的管理理论当然很重要，但是西方人的智慧是有极限的。我们应该站在不变的立场上来变，千万不能站在变的立场上来不变。

大家都有乘电梯的经验。电梯上都有按钮，电梯的按钮应该装在什么地方，这叫作"经"，是不变的原则。一般来说，我们进入电梯后不可能面向里面，一进电梯就会转过身来，因此按钮一般在前面。如果电梯按钮在侧面，进入那部电梯以后，大部分人都会找不到按钮。

我还可以举出很多这种产业界乱变的例子，而乱变的产品迟早是会被淘汰的。所以，我觉得"持经达变"四个字一定要牢牢地记在脑海里面，那是中国人最了不起的一个经营智慧。如果不懂得持经达变，最好不要当领导。

随需而变

"持经达变"是变化要遵循的一个原则。那么，对于一个执掌企业的人来说（做人也是一样），怎么去掌握哪些东西要变、哪些东西不能变的尺度呢？我给出的答案是四个字：随需而变。

第一，不能为了要变而变。

先想一想，不变好不好？不变好，就不要

变；不变不好，再来想怎么变。

有的干部会认为，如果不变的话，可能会有人说自己没有做事情。怎么办呢？不要管他。不能为了标榜自己而牺牲公家的利益，因为这只是为了表明自己做事了才变。"天下本无事，庸人自扰之。"一条鱼放在锅里煎，该翻的时候再翻，不能着急。翻来翻去，翻得鱼都烂掉了，有什么意义？老子讲得最清楚："治大国若烹小鲜。"本来没有什么事，就是老板一会儿这样、一会儿那样，才让大家无所适从。

正所谓"无为而治"。但是，无为是要以无不为作为基础的，无为不是什么都不做。我建议大家在对待中国人的事情上，要往深一层想，不要单从字面上去了解。

第二，把握好"时"与"位"。

我们说有一些东西是不能变的，这是"经"，是80%。还有20%要变的部分，应该怎么去变，根据什么去变呢？

我认为，要依据两个标准：一个是"时"，一个是"位"，西方人称之为时间和空间。"时""位"一变，人就要变；"时""位"不变，人就不能变。

就一家公司而言，法令规章没有变，人员、干部没有变，产品没有变，但只要换一个人——总经理，公司就会开始变。尽管按照新任总经理的话讲，什么都不变，萧规曹随。其实，三个月就会变了。

至于说这种改变的程度也是要依据一定条件的。如果他个人的声望高，也许就变了；他的声望不够，就会想变也变不了。但是不管这个人是谁，他在变的时候，都要进行判断，根据一些条件，比如说人的变化、时间的变化等，来制定自己改变的策略。

合理变通

依理应变

从时间的观点来看,"法"是过去产生的,是基于过去的经验、设想而订立的,往往时过境迁,执行起来窒碍难行;"情"是未来的伏笔,不可寄望过高;只有"理"才是现在的指标。

所以,我们最好"依理"来应变。因为"理"会变动,具有弹性,可以因时制宜产生合理的效果。所以,随时应变可以解释为"随着时间而合理应变",这是中国式管理的"权变"思想。

依理应变必须掌握一些要点:

第一,依理应变绝对不是一味求新、求变。

一心一意求新、求变,偏重变,实际上是一种偏道思想。我们必须将变与不变结合起来,找到一条如前文所讲的"不可不变,不可乱变"的合理应变途径。

第二,依理应变要以不变为根本的思考点。

"本立而道生",只有站在不变的立场上思考变的可能,才能合理。能不变的部分即不变,不能不变的部分再合理求变。苟非如此,可能会产生乱变的恶果。

第三,理本身是变动的,所以,应变之时必须找出当前的理,而不是依照前例来处理。

依例行事,按照先例依样画葫芦,实际上是找不到此时此地的合理点,才不得不依赖先例以推卸自己的责任。而一般人合理合法,宁愿一切依法行事,便是不喜欢动脑筋、怕负责任、又不善于思考所呈现出的一种无奈。

依理就变,以人为本

若以事为主,那就只好依法办理了。而事一旦离开了人,便变得刻板,缺乏变化。其实,这正是美国式管理应变能力较差而中国式管理具有变动性的主要原因,也是美国式管理法治大于人治而中国式管理人治大于法治的根本所在。

另外,内、外环境都在变。我们一方面要看到内部的环境,另一方面还要看到外部的环境。其中有四个方面是最要紧的:

第一,市场的变化是最要紧的。市场永远是模糊不清的,要不然怎么会那么难呢?如果市场看清楚了,那你做事就很容易。

第二,最可怕的是,你不知道什么时候后面的追兵要上来。现有的竞争对手都不可怕,因为你都清楚了,那个突然冒出来的才厉害——看不见的敌人最可怕。

第三,不同的行业会把你整个儿打垮。以前只是同业竞争,现在不同行业的竞争者也会把你打倒。

第四,内部也是一样,也是要关注的。比如人的变动、材料的供需问题等。只要来料一断,整个工作就无法进行。所以,平常跟人家杀价杀得狠了,市场一发生变化,你的来料第一个就会被断掉。

以上这些变化是管理者要注意的,这一切都靠"人"。所以,我们才会拿"人"做"中",人永远处在中间位置。

现在的理论过分强调变,其实不然,不能变就是不能变,因为能变的部分毕竟是很有限的。你只能在20%的范围内变化,不要在80%的范围内变化。

另外,一切都深受人的主观因素影响。你说统统变了,它就统统变了;你说没有变,它就没有变。一切都看你从哪个角度看问题。也就是说,变和不变都是相对的。

我认为,整个市场都深受人性影响。当变到所有消费者的消费欲望被统统激发出来,过量生产、过量消费的时候,就会变成死路一条。消费者会觉得这个不好,那个不要,这个不行。这时老板就完了——被自己逼死了。假定大家都慢一点,消费者就不会要求太多了。

第二章

建立合乎人性的制度

管理离不开制度，但仅仅实行制度化也绝称不上是好的管理。制度是什么？制度是企业组织中所有成员一切分工合作的基本规范，是成员在组织中的行为规范。任何成员的行为都要遵从企业的制度。

制度是要大家来遵守的，所以，让人能够接受、容易遵守的才是好的制度。

管理制度化

事实上，中国人最会定制度。

我们现在满脑子都是"美国很先进"，其实未必。美国有一条街叫作华尔街，街上几乎都是金融类、银行类的企业。实际上，全世界第一条"华尔街"出现在山西的平遥，那里的钱庄制度绝对不比现代金融制度差。我们现在想到的，他们早在100多年前就已经做到了。

中国从周朝开始就很会定制度。周公为什么了不起？因为他很会定制度。在这方面，我们周边的国家差不多都是学我们的。问题是，管理一定要制度化，但是仅仅做好制度化还算不上好的管理，因为制度有时会把人搞得很僵化。

这就涉及另一个问题，即为什么定了法令以后，我们总是觉得它不合时宜？就是因为整个世界在变。整个社会在变，整个环境都在变，法令却还是在三五年前定的那一套，如此，怎么可以规划现在？可是，法令常常变，朝令夕改，又会弄得大家无所适从，这也是个很大的矛盾。

自觉遵守合理的制度

有制度却不敢执行

很多受西方管理科学影响的年轻人告诉我，一家公司只要把制度定得很完善，然后很彻底地执行，大家都很重视执行力度，那就很好了。我认为，毫无经验的人才会这样讲！

实际上很少有人敢照制度去做，这是很有意

思的事情。我常常讲,制度定得很规范,不是不执行,而是不敢执行。例如,在公司的相关制度中,每个领导都有权力开除员工。可是每个领导都抱怨说,自己没有开除员工的权力。那是因为,他不敢用这个权力,一旦使用肯定后患无穷。

再如,制度规定:上班时间不能看书报杂志,否则罚款1000元。制度定得够清楚、够严格吧?假如今天你当这个经理,你的部门里面有一个人上班时间看杂志,而且高高地举着看,你敢不敢抓他?很多时候不敢。

为什么经理不敢处罚违规的员工呢?大多数人自己会衡量,那个人如果没有"两把刷子",敢公开看吗?不敢。这种人是能屈能伸的:没有什么优势可用的时候,就埋头苦干,就很听话;当有贡献、背景很好的时候,当有"两把刷子"的时候,就开始"耍大牌"。而事实上我们也真的不敢把这种人怎么样。

但是，作为领导，一定要想办法做点儿事情，此风不可长——管不了他，就管不了别人！道理非常正确。可是只要一处理违规的人，你就完了。这时，就必须要想一想：这个人我动得了动不了？动不了我也要动啊，不然我就没有尊严了。

有的领导常常会叫别人去"看看他在干什么"——你看得那么清楚，还叫别人去看，是因为你要把责任推给他。如果你一下子抓住当事人，把他报上去，他一定会否认："他栽赃我，他冤枉我，他想借机会整我，百口莫辩啊！"

所以，有的领导明明看到违规的事情，他一定先拐个弯，让别人去"看看他在干什么"——这个人将来就是证人。被要求去看的人，警惕性很高，他也知道，经理明明看到了有人上班看杂志，于是，他就再叫另外一个人："哎，你离他比较近，你去看看。"

为什么我们总是推、拖、拉呢？因为这样一

来，证人就会有好几个。但是，这样做还是不能解决问题。如果那个违规的人是老板的红人，你敢动他吗？你动他就是不给老板面子。老板虽然会很严厉地处理这件事，但从此老板和你之间会产生很大的隔阂。

合理的制度，合理地执行

同样是没有遵守规定，中国人会有两种处理方法：一阴一阳，一种是抓，一种是不抓。抓，有抓的做法；不抓，有不抓的做法。

那么，抓怎么做，不抓又该怎么做呢？遇到了这种情况，身为领导应该怎么处理呢？

如果要抓，就要找很多证人，然后叫当事人自己来说在干什么，自己写报告。老板经常说"做了什么你自己心里最清楚"，就是这个道理。报告写完给证人看，大家都认定，而作为管理者的你却一句话也没说,这个无为有很大的作用。

不抓,就更妙了:

经理赶快拿一本杂志去,站在看杂志的人面前:"哎,你在看什么杂志啊?一定有很精彩的内容,你才会这个时候看。哎,我这本也有很精彩的啊!"然后,就把他那本拿来,跟自己手中这本卷在一起,大声说:"两本都带回去看啊,免得人家误会你上班看杂志。"

说你没有处理吗?你处理掉了。说你处理了吗?你没有处理呀。老板一定对你非常满意,因为他知道你是会做事情的:给员工和老板都留了面子,也给自己留了退路。

很多员工一辈子在基层,他们常说,所有一切都要依法办理。坦率地讲,如果一切依法办理办得通的话,干部就可以统统被裁掉了。因为依法可以办理的事情,基层都办完了,要干部干什么呢?公司需要干部,就是因为基层依法办事行不通，干部如果还要依法办理，我看这个干部还是干脆不要当了。当干部的，如果满脑子都是依法处理，就不是一个好干部——不够格。

制度只能管例行，没法管例外。但是，中国是例外最多的国家。中国人嘴上讲"王子犯法，与庶民同罪"，实际上你一看曹操就明白了：

曹操带兵出去打仗的时候，看到麦田里的麦子长势很好，于是下令：大家注意，不要踩踏麦田，哪一个人踩踏麦田，斩！刚刚讲完，他的马（也就是他自己）就踩倒一大片麦苗。怎么办？当时曹操就拿起刀来，所有的人都跪下去求情："千万不可以。"曹操坚持认为，自己发布的命令，一定要遵照。大家又赶紧求情："绝对不行！绝对不行！"那怎么办呢？于是曹操"割发代首"。

这叫作变通，至于合不合理，大家衡量。如果曹操将自己斩首，还打什么仗呢？

由下而上定制度最有效

制度在执行过程当中要适当变通。那么，怎么样才能在我们制定制度时，让大家觉得比较合理，愿意去执行呢？唯一的办法就是让大家自己定。

生产部门的制度跟营销部门的制度不应该一样。因为营销部门的制度要求每个人都穿西装、打领带，生产部门从来不用穿西装、打领带，怎么可能是一样的要求？生产部门要求同进同出，是因为他们要一起工作，营销部门为什么要同进同出呢？高兴早点儿来就早点儿来，愿意晚点儿回去就晚点儿回去，把业绩做出来了，你管他上班时间的早晚呢。同样吃盒饭，生产部门的人吃20元一盒的就很满意，营销部门的人通常会吃35元一盒的，为什么？会赚钱啊！

制定制度不要一刀切，我是最反对一刀切

的,这不符合情理,不符合企业实际经营状况,也不符合人性。

领导有最终决定权

但是,如果让执行制度的人自己去定制度的话,会不会把制度定得非常有利于自己,或者借机偷懒呢?

有的领导一直怕出现这种情况,其实不用怕。因为管理者有最后的决定权,怕什么?只要有最后的决定权,领导就不用怕所有的事情。如果你有本事,怎么说都可以,说到最后自己就会找到一个合理点,不然就没有台阶下了。

我辅导过的公司就是这样的,各个部门自己定制度,只要能定得出来,老板就敢接受。各部门压力很大,因为公司内部会去制衡。

比如,有一个部门想定一个不用上班、领高

薪，还要享受福利的制度。当他们把制度提出来后，所有人都笑他们，所以自己要改，一直改到合理。老板说："好，既然大家同意，我就签字。"签完字就结束了。

所以说，制定制度，由下而上最管用。制定制度要由下而上，要充分尊重员工的自主性。不要怕下面提得不对，他自己会平衡，而且领导也有最后的决定权。

上下多交流，彼此多尊重

老板的目标都是空的，部属的目标要自己写得出来

如果部属把目标定得比较低，又怎么办呢？请老板放心，部属自己会调整的，比如：

老板："是将目标设在一等，拿超额奖，还

是将目标设在三等,没有奖金,你可以自己选啊。"

部属:"我要多做点儿。"

老板:"不要勉强。"

部属:"不行,一定要提高。"

好的制度,要由大家来制定,还要由大家来执行。要自觉遵守,否则大家没面子。

我有时候觉得不少老板做得并不好,自己累得要命,部属却闲得要命。其实,每一个人都会替自己打算,因为他有无限的潜力——根本不用谁来操心。但是,现在的制度不能让人把潜力发挥出来。因为现在所谓的制度,就是把人限制在那里。

西方人的工作说明书,往往把能干的人限制住,让其没有发挥的余地。中国人则是能者多劳,能干你就多干,公司不会亏待你;不能干你就少干,但是老板心里有数,到时候吃亏是你自己的事。

我是学了很完整的西方管理方法的,但是我了解中国人,我知道简单地把那套方法拿过来,形式上很好看,但实际上并不管用。尽管做同样的工作,一个更有经验的人所付出的,有很多是无形的东西,是没有办法用酬劳来衡量的。在这个意义上说,西方关于薪酬的理论也许是不合理、不公平的。我们坐飞机的体验就能说明这个问题。

美国的空乘人员大都是四五十岁的空嫂。我从美国坐飞机回来的时候,就问那个空嫂:"你干了多少年?"她说:"37个年头。"用中国的话说,她都"熬成婆"了,什么人情世故都懂了。她的服务是体贴入微的,帮乘客节省了沟通的时间。

而我们有的空中小姐却做不到。客人提出要求了,她不停地讲"请稍候",让人莫名其妙。说白了,这样的人还不懂什么叫服务,因为她根本不知道客户在想什么。

如果我是老板的话,有这样两类人,她们做的工作差不多,但是质量却不一样,用什么办法体现出我的态度来呢?仅仅是对某一些人的奖励和对某一些人的不满意而已吗?

以我的经验,老中青相结合才是最好的办法,一个带一个,就把人带出来了,也就把传统带出来了。我们虽然没有学徒,但是要有学徒的精神。在职场当中,跟着一个师父,就会成长很快。这种方法日本人用得非常好,新人到一家公司就赶快看哪一个同事可以当自己的师父,私底下什么事情都问他,那个人就会照顾自己,反过来,自己也要听他的话。在学校,我们将其称为"学长制",称那个人为"学长"或者"学姐"。我们应该把这种精神、这种方法应用到职场中去。因为新人没有"老人"带的话,他们一定都是在那儿摸索、尝试,一定会有很长一段时间不适应。

作为老板，用什么样的办法去激励做得更多的人呢

对中国人来说，会有暗盘。我去国外开会，每个人都问我"什么叫暗盘"，我反问他们："你说什么叫暗盘？"

所谓"激励"，就是有刺激、有反应。西方有一个激励学派的人说，奖励明着来、明着去，接受者自己有反应，大家都能看得到，这才有激励作用；你们那个暗盘，暗着来、暗着去，谁都没有看到，怎么会有激励作用？我告诉他："你怎么知道大家都不知道？中国人的暗盘就是大家都知道，哪有大家都不知道的暗盘？"所以，大家要花一段时间去了解暗盘。

我们的暗盘妙用无穷：你工作用心、做得好，老板就舍得用暗盘。这个干部很棒，他平常吃很大的亏，到年底，老板给他300万元，明年他非

卖命不可。老板舍不得给300万元,他明年肯定不好好干。我们就是这样,表面上看似公平,实际上就是不公平的——暗盘有激励作用。

什么是公平?西方人认为,我有、你有、他有,这才叫公平。中国人很妙:"我领到两千块呀,我真的很高兴。"转过身赶快问一下别人:"你有吗?"一发现别人也有,他就很恼火了,他会认为这样不公平。很多中国人认为,大家都有就是不公平,他一个人有而大家没有就是公平。我们的公平概念跟西方不一样,大家都有,算什么公平?这是非常奇妙的事情。每一个人都会觉得自己的贡献最大,觉得自己做得比别人都多,觉得没有自己老板就完了。

有位先生早上发高烧了,太太劝他:"你都发高烧了还要上班吗?不要去了。"

他会跟太太说:"你不知道,那件事离了我谁也干不了。"

哪里会有谁也干不了的事呢？"干不了"，这就是某些中国人的思维，他们很会自我激励："非我不可！"实际上没有这回事。

好制度要动态平衡

制度不能移植，凡是移植的制度都很难"活"下去。制度是本土生根长出来的，大家都觉得有需要，慢慢就形成了制度。

但制度要常常修改。"日落法"就很好。因为太阳会下山，制度怎么会不改呢？我们定了一个制度以后，要说明：本办法以一年为限，期满后自动作废。

新加坡就是这样做的，这个办法的作用是，到明年的今天，制度会自动失效。这样会令很多人紧张，就逼着大家提前3个月拿出新办法来，或者大家重新讨论，看一看原有的制度有什么不妥的地方，修改一下。我们一直在讲渐变，局部修改了就不用动手去改革；渐变，就不用突变。一套制度定下来，三五年不改，我保证它行不通，最后就要突变，那时候一革新，就会造成很大的矛盾，甚至是混乱。

对此，有人会心存疑虑：如果一套制度每年都要变的话，大家会不会有临时性的心态呢？不必担心。如果大家讨论认为不要变，那就不要变了；认为要变，修改就行了。这就叫作动态平衡。

观察开车的人，你会发现虽然公路很直，但是司机的方向盘却一直在动，为了好看吗？当然不是。司机动什么呢？因为不动，车子就出去了。

好制度关键在执行

制度是很好的，但是它本身没有什么作用，关键是要执行得好。有些中国人的制度观念很可怕，制度是什么？就是"置他人于死地，度自己上天堂"。

上车就系安全带是很自然的事。美国人为了通过这个制度抗争了许久。"我干吗要系安全带？"你说"为了安全"，他会讲："安全是我的事，不用你担心呀，我高兴系就系，我不高兴系就不系。"最后法律确定一定要系，他们也就系了。

而我们当中有些人则是，你说要系也是你自己的事，你说不系也是你自己的事。大家各有一套。

如果真正地去了解他们，你就知道把西方那一套活生生地安在他们头上是没有效果的。我的办法很简单，安全带系不系是你自己说了算数，但是，凡是系安全带的人，将来出什么意外公司全部赔；凡是系一半或者不系的，全部由自己处理，由自己负责。这样做是要让他们心甘情愿地系，而不是规定要系，否则他们会反感：为什么非得要我系？

总而言之，制度是需要的，但是不要太依赖制度。

凡事合理合法

很多事情关系到每一个人的价值观。你认为当老板的要令出必行，但到最后你是孤家寡人一个。有的总经理在职的时候，很多人怕他，对他服服帖帖；但只要他一退休或者调动了，他马上变成了"总不理"——没有人理他。

我最感兴趣的就是陪着一些"老人"回原单位，有的人一回到原单位，很多人老远就跑过来跟他打招呼，我就称赞他："你很成功。"有的人一回到原单位，所有人一看见他就躲，我就反问他说："你是怎么干的？"很显然，他是失败的。

一个人待人好不好，不是在职的时候能观察出来的，而是在他离开以后。所以，一个人要留下一点儿"去思"——离去以后人家会想念。这就从另一方面说明这个人在职的时候，大家是不是真的信服他。

中国历史上的法家结局都很悲惨，几乎没有一位法家得以善终。为什么？因为法家不是中国文化的主流。法家是什么样子？言出必行，不打折扣；以身作则，铁面无私。这就是法家的形象。但最后呢？不少人都作法自毙，比如商鞅到最后就是死于自己积极推行的"商君之法"。

历史的教训是要看一看的。中国很重视法，但是法深入下去还要有理，你看我们讲"合法"时，一定讲"合理合法"，我们很少仅仅讲"合法"。很多学法律的人要彻底去想：一个人如果只怕违法，这个人的人格有问题；一个人只要合法，什么事情都敢做，这个人就没有道德。不违法是底线，讲道理才是标准，所以我们的行为要合理合法。

中国人为什么讲道德?就是因为在行为约束方面,法律差得很远,要用道德来弥补法律的不足。现在很多人不是这样,理解片面了:只要不违法,任何事情都可以做。那么,这样的人是没有良心的,这样的人的道德标准太低了。

第三章

处理问题的基本思路

第二章谈及管理要有制度，但是又不能百分之百地去执行。如果百分之百地去执行，制度就会变得僵化。另外，在管理过程中，我们常常会遇见一些意想不到的事情，或者是一些麻烦，这叫作例外。

但是，有太多的例外毕竟不是好现象。那样的话，法规、典章就不起作用了。如果法规不能概括大部分现象，那还算什么法规呢？所以，当例外越来越多时，我们就会明白是法规、法令本身出了问题，就要赶快修订法规、制度。

遇事首先讲情

中国人考虑事情跟西方人不一样。西方人依法处理,法怎么规定,就怎么处理;而中国人会把法放在心里,叫作"心知肚明"。我们懂得,只要一把法规、制度提出来,大家就伤感情了,伤了感情大家就不和气,不和气的结果就是自己一定倒霉。所以,很多人在执法时,都有顾虑。整个社会如果这样下去的话,是没有希望的。

所以,制度化首先要考虑到合理化,只要制度很合理,大家就能够遵守。

作为中国人,要先把情拿出来,从情入手,而不要从法入手。所有中国人要把法放在心里当腹案，心中有一把尺，这把尺就是合理，但是嘴巴要合情。嘴巴专门讲情，心里想的是理，肚子里面是法，就百无禁忌，什么都通。

看到员工做不好事情，老板马上处罚他，这样做很冒险。因为这种结果可能是由多种因素造成的。如果骂错了，老板会下不了台。所以，大多数中国人处理起事情来都会给对方面子，这样做一定有道理，对方会很容易接受。一开始就骂他，他就会抗拒。

要用情和行动去化解

有很多人经常说自己口才好，我感觉很可笑：口才好？人家不过是让你，不跟你辩解而已。要说辩论，没有人辩得过中国人，因为中国人的阴阳思维非常厉害。请看下面的对话：

老板："你最近在干什么？"

部属:"我在填表单。"

老板:"表单有什么重要的,你填不填有什么关系?"

碰到这种情况,部属该怎么办呢?

有的老板很奇怪,凡是你认为重要的,他都说不重要。"你没有做的事情,为什么不去做呢?没有做的那才重要。"这就是老板的心态。你总在办公室里面忙,他觉得很奇怪:"外面的事情谁做,整天搞这些没用的表单吗?这些是骗人的,真正的事情谁去干呢?"你跑到外面去,他又会说:"你整天在外面跑,表单谁填呢?"可见,你永远没有办法调试得让老板满意。

可以说这就是中国社会的现实状况。家事同理,家里人也是这样,夫妻两个人越来越看不顺眼时就是这样。同样,子女在家,父母觉得很烦:"你整天不工作,在家虚度时光。"子女不在家,很忙,回来很晚,父母又会说:"家里是旅馆呀,回来睡个觉就走了。"

那么，怎样才能解决这些问题呢？我的经验是：要把情摆在当头，见面就给他面子，他有了面子，就很讲理。也就是说，要中国人讲理，你只要给他面子就行。

还是上面那个例子，让我们看看如何应对这个老板。作为部属要思考一下：自己一定有什么地方对不起老板，他才会这样，他是借故这样做，并不是真的自己怎么做都不对。他一定有心结，把这个心结一打开，事情就化解了，就没事了。

的确，我们很少就事论事。因为我们的认识是，人和事是分不开的；西方人的认识是，人和事可以分开。例如，西方人听到一句话，他仅就这句话进行判断；而我们听到一句话先问"是谁说的"，搞清楚了再来判断（你不告诉我谁说的，我不可能判断）。在我们看来，任何事情都离不开人，老板跟你有心结，你去道歉没有用，去说明也没有用。你就要想明白大概是因为什么事情得罪了老板，再从行动上来改善，老板自然就理解了。遇到事情怎么办？要讲情、理、法。遇到矛盾，要用行动去化解，不要用语言去辩解——越辩矛盾越大。老板要有老板的魅力，干部要承上启下，基层员工要实实在在地把工作做好，大家各司其职。

揣摩没有错，中国人一定要揣摩别人的心思。孔子说，你讲话时，眼睛要看对方，如果你讲话时，眼睛不看对方，你就跟瞎子一样。但是不能投其所好。一察言观色就投其所好，那是小人；察言观色之后合理地调适，才是正确的做法。

如果你完全不察言观色，不理解老板的心思，老板跟你越离越远，结果会怎样呢？我认为大多数管理者不会把人炒鱿鱼，也不会把人调职，只要"急速冷冻"，让你什么事也不能做，你就自动走了。你走了,他还会想:走了更好。

依法处理有前提

我观察了近三十年发现,一个中国人只要有了面子,他就会很讲理。而情就是给对方面子。

某人要插队(北方人叫"加塞儿"——编者注),如果你说:"没关系。"他会不好意思地说:"我站你后面。"如果他一插队,你就说:"你为什么插队?"他就会说:"我比你来得早,哪里是插队,我是临时有事出去一下,怎么是插队?"

如果一看有人要插队,你就说:"你很急,站在我前面来。"对方就会说:"没关系,我站在你后面。"我们就是这样,只要有面子,就很爱护这个面子,就不能不讲理;如果没有面子,就可以蛮不讲理——反正我已经没有面子了。

让一个人没有面子,自己是最吃亏的,这

个道理千真万确。这方面我们有太多的案例可供参考。

就拿一家公司来说，老板是公司的掌舵人，要有一定的魅力和一套独特的管理方法；中层干部扮演的是承上启下的角色，既需要对老板负责，又要对基层员工负责；而基层员工只要实实在在地把工作做好。

如何才能让这家公司正常运转呢？西方管理科学给出的答案是每个人都要把自己的角色扮演好，建立起一套管理制度。这时，问题就来了：有了制度就万事大吉了吗？如果执行制度严重伤害到某个人的面子怎么办？

我的建议很简单：做什么事情要先从情开始，不要先从法开始。我给你面子，你很讲理，就不必谈法了；我给你面子，你不讲理，我再给你一次面子，你还是不讲理，我就翻脸无情，就要依法处理。这样做，对方就没有话讲。

这就是依法处理有前提的全部真相。在中国为什么讲情与法,情在前,法在后,自然有其道理。

处理问题人性化

不仅当老板、当干部的要给人面子,对于员工来说,也有这种可能。比如说,别人在你排队的时候插队,那就让一让:"你来,你有急事。"对方会很感激,不停地致谢:"我确实有急事。"这就叫作将心比心。

我们出国一定要通关。大家排队排得整整齐齐的,有一个人公然插队,警察就走过来:"你插什么队?"此人一定会说:"我不插队,我不想要插队。"马上拿起东西就往后走。然后他说:"有没有听到广播,我是那架飞机最后一名旅客,全机都在等我,我是因为来不及才插队。"警察一听，马上会说："我送你进去。"

这就叫例外。大家都遵照规定，例外谁来处理？

那么，也存在一种可能，这个人确实脸皮很厚，你给他面子，他反而利用你这个面子。怎么区分呢？放心，这种人迟早会吃亏的，因为他养成了一大堆坏习惯。

大多数中国人是这样的：以后大家彼此还会交往，你给他面子，他很讲理，大家很愉快；你给他面子，他就占你的便宜，你第一次让他占，以后就知道，他这个人在你面前没有什么面了，你再不会给他面子了。所以，当领导的，对这个人客气，对那个人不客气，他是要分辨的。

得到面子要格外讲理

作为员工来说，也要特别准确地去进行判

断。当你得到人家给的面子时,要格外地讲理,你就会非常愉快。

有人会认真地告诉你那条路怎么走,你到底要不要相信他?他说的可能是假的,也可能是真的。你不相信他,你就会吃亏,因为他是真的;你相信他,你也会吃亏,如果他是假的。

我们的药是真的,就很管用,但是有真药就会有假药。这就是我们社会的麻烦:只要有真的东西就一定会有假的,假的总是屡禁不止。怎么办?所以,平常就要广结善缘,人家自然会告诉你,会帮助你。

吃亏一时,但是占便宜永久,这叫作君子;吃亏一时,又一直吃亏下去,就是呆瓜!吃亏一次,你对这个人就要有警惕性了,以后他讲什么你都不大会听了,这样就好了。吃亏一次怕什么?你吃得起。习惯占便宜的人是他的命不好,因为他会养成坏习惯。

凡是舍得的人，福气都很好；凡是舍不得的人，都没有什么福气。这不是迷信，是他内心的需求：吃不起亏的时候，就一定要占便宜，那以后就没有度量和能力可以吃亏了。有的人根本不在乎，吃一点亏算什么？这个人的福气永远很好，他就不会缺钱，因为他有这个气度，自然就会有所收获。

有人会说，一个人没有钱，怎么会舍得呢？但是有的人还是会舍得，钱自然就会进来，这是很有奥妙的事情。典型的事例比如加薪。我到公司去，第一步会问员工：你们的薪水是谁给的？有人会说"是老板给的"，我就觉得很奇怪：老板卖了自己的一栋房子给你钱吗？老板也不会印钞票，哪里会给你钱？有人会说"是公司给的"，也不对呀，公司也不会印钞票，从哪里给你钱？真实的答案是：钱是你自己赚的。你想加薪，你想赚得更多，你就要奋斗更多。如果我要加薪，我就会问自己，不要问老板：我好好做，我的销售做得好，我自然就加薪了，求老板是没有用的。

执行制度要有软件配合

制度是很僵化的东西，必须要有软件配合才有用。

规定大家上班不能迟到，有用吗？没有用。我辅导的公司从来没有人迟到过，我只用一招就够了。

我告诉老总："如果你的部属6点半上班，你就6点上班。"果然，所有的经理早早地都到齐了。老总说："你们这么早来干吗？"经理们第二天到得更早。假如老总说："你就应该这么早来。"那么，经理们第二天准迟到。

其实，所有的经理心里都很清楚：老板看到自己了，老板知道自己是勤奋的。

角色不同，作用不同

员工上午8点上班，他一定要工作到下午5点，所以他不能太早上班，他很辛苦，越是干部越是要早来晚走。

在美国，有的CEO早晨4点就上班，因为那时候，路上车很少、路况很顺，停车位也很宽松。停好车后，他就开始想，今天要找这个人谈什么，跟另一个人谈什么。一看到某人来，就找他谈，谈到他按部就班去做事，CEO就没事了，可以去打高尔夫，可以去睡觉。这才叫作会当CEO。跟大家一起挤车子、打乱仗、匆匆忙忙、不想事情，这不是好的CEO。

方法不是制度，是制度外的事情

制度是帮助我们把有形的规范好，但是在制

度之外还有软件,要靠我们去运作,这就是中国式管理——还有很多东西是无形的。中国式管理非常人性化,会让每个人都没有压力,都非常愉快,这是西方人做不到的。

干部、员工有的时候压力可能会比较大

如果什么都比较清楚的话,大家就按照清楚的东西去做;如果什么都不清楚,又要做好,可能心理压力会大一些。

老板不高兴了,他告诉你:"今天这桌子没擦干净。"你赶紧去把它擦干净了,这很简单。但是如果老板很不高兴,他又不告诉你,就算你把整个屋子都打扫完,也有可能他是因为院子不干净而生气,你怎么能知道呢?

这里面隐含着一个哲学道理:当我们认为清楚的时候,可能经常是看错了;当什么都不清楚

的时候,可能又是非常清楚的。

不要认为你什么都知道

我常常讲,干部一脚踏进门来,猜得到他会说什么话、知道他要谈什么,才是个好老板。一旦等他开口,你就很难跟他沟通了。

生产科长一进门,老板马上知道他要谈加班费的问题,因为他一直觉得加班费不高。等他一开口,你再跟他谈很难,不同意会让他很没面子,同意又会增加开支。好老板就要在他未开口之前,看看有谁在场,正好总务科长在,那是老天爷帮忙。老板就开始训斥总务科长:"你这个家伙不想想看,你整天花公司的钱,你还在啰唆,你看人家生产科,没有花公司的钱,都在尽心尽力地做,加班费那么低都没有人讲话,你还讲什么?"然后转过身来再问那个生产科长:"有事吗?"他一定会说"没有"。这件事情就这样处理了,很简单。

如果总务科长不在,总还有别人在。如果真是没有人在,这个忙别人帮不上,老板就赶快拨电话,骂得更凶:"你这个家伙乱来,你看现在生产科长在我这儿,他很委屈你知道吗?部属天天抱怨加班费那么低,他都好言相劝,为公司大局,哪像你!"生产科长一听就走了。

这一招很厉害,但不要常常用,否则就没有人信你这套了。这还没完,等人走了以后你就要开始想办法如何调整,这样才行。我们的办法必须是整体配套的才行。

老板这样做也不轻松,对他的要求是很高的,绝对要有百分之百的把握。作为一个CEO,公司里面最近哪一个部门有什么事情,你心里要很清楚,一看下属脸色就知道他要干什么了。

总之,处理问题的玄机非常多,需要我们在处理事情之前进行非常周密的思虑和准备。

第四章

处理问题要谋定而后动

我们在前边介绍了很多处理问题的方式、方法，一切都需要我们在处理问题之前有非常周密的考虑，这种周密的思考，就是计划。"谋定而后动"，做事要先做计划，考虑要周到。

思考的方式和处理问题的方式相反

思考和执行的方式正相反,要首先考虑到法。我们做任何事情,一定要"谋定而后动",所以,中国人很擅长做计划。

我们学习西方管理学的计划、执行、考核,好像西方人很有一套,中国人就没有一套。其实,只不过是中国人的计划跟西方人不太一样而已。西方人一定要有纸上作业,而中国人脑筋一动就是一个计划。我们的脑筋转得非常快,因而就不停地有不同的计划,这种计划常常被叫作"点子"。

一个人要"谋定而后动",是说在做任何事

情之前,先要做好计划。做计划时,跟我们去执行计划、执行管理时的过程刚好相反。怎么理解呢?我们去执行的时候是从情入手,可是考虑事情不能从情入手,而要把法放在第一位,行为只能在法的范围内游走,不可逾越。法律没有什么人情,违法就是违法。

所以,当我们在做计划时,第一个考虑的是法,先看一看规定,不要超逾。

在中国,不管是老板,还是干部,只要违法,你就是孤单的,没有人会救你的。

做事要合法

我常常跟很多人讲这个道理:要在中国做企业,绝对不能违法。也许会有人怂恿你:"没有什么,怕什么,出事找我好了。"这话其实并不可靠,因为一旦出了事就没有人帮你。

第四章 处理问题要谋定而后动

企业要招聘一名大学毕业生当会计,人事部门要把有关会计的规定拿出来,然后进行口试、甄选。我们常常碰到的难题是:前来应聘的人总说自己什么都可以做,然而一进企业你会发现他什么都不会。因为学校没有规范化,同样一门课十个老师教不同的内容,这样也可,那样也行。而在西方,只要你修过这门课,就一定要学透基本的东西。中国有些学校不是这样的,课程、名称都随便定,老师随便教,然后随便给成绩,学生出去随便混。你以为很可笑吗?但这确实是存在的。我不认为这样做很丢脸,因为我们有自己的一套。

在中国,要做到全部规范化,到底可不可以呢?我们要设想一下。

开车有一套制度,驾车者必须要保持行车距离。可是你一拉开距离,第二辆车马上就插到你前面去了,你再拉开距离,又有一辆车插到你前面去了,你的车就根本开不动了。很显然,在我国,车子这么多,却无法保持行车的安全距离。

我们要面对这样的现实,不要唱高调。我们在拓宽马路时的想法是:马路拓得越宽,就会越畅通无阻。然而情况却刚好相反:马路拓得越宽,交通却越拥挤。全城最宽的马路,就是交通最拥挤的地方。因为大家都去挤,就堵死了。

我们定的制度要让人们乖乖地服从,不服从的人会吃亏,这样的制度就有效了。

一个人无论做什么事情,要先动脑筋:我这样做合法不合法?但是,合法或者不合法,只是做事初步的检验而已。

遇事要变通

有这样一种人,他们有这样一种心态:一切照规定办。这是一种不负责任的、无所作为的心态。这种人是毫不用心的人,而且我们也很不喜欢这样的人。

这样的人要他干什么?其实,规定之外还有很多事情要做,因为法令、规定只是底线。你不违法,但还是有很多事情可以做,而你却没有做,这就是无所作为或者叫作不作为。比如,这张桌子摆在这里不好,你既不能拆掉也不能扔掉,但是可以把它调整一下位置。只知法令,不知变通,是无所作为。

中国人最讨厌公事公办、动不动就拿法令来吓唬老百姓的人:规定不行就不行。尤其是人事部门,我们任何企业的人事部门,只要一切照规定办,你就得不到干部、员工的支持,得不到任何部门的配合。

所以,我希望大家一定要有法的观念,但是用法时要动脑筋:怎么样在法定许可的范围之内做?我送给大家四个字,叫作"合情合理"。

一个西方人到一家商店,他一定要看这家商店几点钟开门。很多商店都是10点开门,他一看手表现在只有9点半,怎么办?有两个选择:一个是等,等到10点,于是就去排队;第二种是不等。

而中国人既不会排队也不会走,因为我们脑瓜子很"灵光":走了等会儿还得回来,多花力气,干脆直接去敲门。对此,西方人很不理解,他们经常问我:"商场规定写得那么清楚,你们都不看吗?"我告诉他们:"谁都会看,但谁也都知道照样敲门啊!"敲门干吗?"有没有人啊?我要买东西。"

这就叫作"法的范围之内的变通"。

我也用这样的问题来考很多业务人员:商店规定10点开门,客人9点40到了,你要不要把东西卖给他?你卖给他,是违规;你不卖给他,客人走了,你对得起公司吗?好不容易来客人了,你却把人赶走了。

如果我是店员,我就用中国式的处理方式:

情景一:

店员:"你这么早来,是不是有急事啊?"

客人:"是啊,不然我这么早来干吗?"

店员:"那你看看你喜欢哪一件呢?我帮你留意啊!"

通过聊天,店员就把客人留住了。留到10点把东西卖给他,同时又没有违规。

情景二:

客人:"我实在没有办法等,我要赶时间。"

店员:"没有关系,我去找我们主任。"

店员就跟主任去讲,然后让主任把东西拿到外面去卖给他。

这样做也没有违规——商店营业时间还是10点,这样做是场外交易,又没有妨碍谁,为什么不能?店员这么做才是尽心尽力。

我认为，只要你不违法，只要你不伤害别人，一切都是可以变通的。但是，如果今天商场是限时销售而且还限量，像上面那样做就不可以了，要有先来后到，大家按照次序，谁都不能先动。我们刚才讲的不是这种情况，那叫作变通。

也许有人会说，既然有规定，店员也不遵守，顾客也不遵守，这个规定不就没用了吗？

其实，这要看是对哪种公司而言。大公司的铁门一关，10点才开，大家没有话讲，你非按照规定不可。如果这家公司不够大，规模很小，希望等着客人来，那你定10点营业有什么意思呢？所以，对大公司来讲，10点是标准作业时间，而对小企业、小店来讲，那叫作参考时间。

这就是我们所讲的"合情合理"。

那么，大公司需要不需要变通呢？回答是：当然需要，只是大公司可以在其他方面变通。比如说，有客人头天晚上打电话来说，实在没有办法，事情很急，一定要在明天一早就来。店员可以把他带出去，在外面交易，然后进店报账。这种情况是被允许的。

不能变通，要求得理解

我们上面讲的是可以变通的例子，如果遇到一些没有办法变通的事情，我们又该怎么办呢？

遇到这种情形，一定要跟对方说明，自己实在为难，已经想尽办法了。在这种非常情况下，一定要讲究诚意，表达出诚意了，就很容易得到对方的谅解。

我们还讲同样的案例。

这个店员平常都可以变通，突然有那么一次他跟你讲："平常我都给你方便，因为你是老客户，你照顾我，我给你方便。但是今天正好我们总管处有人在，他死盯着就是这块，我今天不方便,你一定要谅解。"客人最后一定讲:"没有关系,不要让你为难。"

中国人是很好商量的。讲到合情合理时,大家都很能理解。你不能刁难他,你刁难他,他就不高兴了。所以,有时候我们觉得有理就可以理直气壮。这是不对的。很多店员都理直气壮,不是客客气气的,客人就不买他们的账。

部属不可自主变通

如果下级碰到了一些需要变通的事情,是不是可以自己做主去变通呢?

我认为,下级不可以自己做主变通,因为其想法跟上司经常是不一样的。

所以,你是部属,即使要变通,也要请示你的主管,要向他告知你的想法:法令规定是这样的,但是在目前这种状况下,能不能通融一下……

部属要这样说："那这样，我请他来直接跟您谈。"看法不同是常态，变通必须要求得上司的理解和同意，人情留给上司做。把人情让给上司，让他们去变通，他们就无从怪你。

假如部属简单化，认为上级同意变通是给自己面子，就变通了，上司就会觉得这个人不够意思——把人情拉到自己身上来了，对上司有什么好处？

部属应该这样说："好，您同意，我让他来跟您谈，人情您做，我不要做。"

上司："不用搞得这么复杂。"

部属："一定是这样的。"

出去就告诉对方："这是我们主管通融的，我是不可以的。"

于是，上司就很赏识这样的部属，以后就会很放心地让他去做事。

做让上司放心的部属

如果是很急的事情,此时需要变通,也许来不及跟上级请示,部属该怎么办呢?

即使如此,部属事后还要去报告。我希望大家树立一个观念:大小事情都要让你的顶头上司知道,你这样做他会非常放心。你有时间先报告,没有时间,可以先斩后奏。但即便先斩后奏也一定要"奏",否则自己就要被"斩"了。

做事、做人,要让老板放心。我们的老板普遍是不放心的,用一个老板很有趣的说法就是:"我放心,怎么不放心?我最放心了,只是我放不下心而已。"

所以,中国人上下级的关系非常密切,要得到顶头上司的赏识,你一定要跟他处好,只要处不好,你越有能力,"死"得越快。

有很多人总是想不通:为什么自己有能力,

可是一表现就"死"得快?一个可能是你处理问题的方式过于简单;一个是你有能力,没有把低档次的上级放在眼里。总之,你的上级对你不放心,很有可能不是不放心你做事,而是不放心你做人。因此,你要检讨自己,不要责怪别人。

合理合法,还要考虑可能产生的后遗症

合理合法也会有问题

有时候可能各项条件都具备了——合理也合法,也向上级请示过了,但是变通总是存在着一定的隐患。也就是说,即使按照规定做了,也不是一定没有问题的。

老板:"你为什么这样做?"

部属:"我都是按照规定做的?"

老板:"你明知道规定是死的,人才是活的,

你放着活人不用,却去迁就那些死的东西,你存的什么心?"

这就是按照规定挨骂,不按照规定也挨骂的事例。这是普遍的现象。

员工们要问:作为员工来讲,我是按照规定来做风险更小,还是多变通一些风险更小呢?

我认为,多变通一些风险会更小。中国人是善变的,天下事没有一样是不能变通的,这才是中国管理哲学。而不变通实际上就是刁难!

在法令许可的范围之内,你才会合情合理,如果超出法定范围,坚决不要干。

在合理的框架之内变通

既然"天下事没有一样是不能变通的",那么,我们应该怎么变?其实,我们是在一定的框架范围内变,规矩是方,变通是圆,在考虑事情时是外方内圆，处理事情时则是外圆内方。一方面是法、理、情，另一方面是情、理、法，这样就完全吻合了。

其实说起来只是简单的八个字："外方内圆，外圆内方。"但是要想把它做好，是一辈子的修炼！

刚开始这样做的确很难，但是它值得去学，值得修炼。起初难，往后会越来越容易、越来越轻松。年轻的时候多受一点折磨，年纪越大越轻松；年轻的时候日子很好过，往往年纪越大越难过。

人生好像两杯酒，一杯苦的，一杯甜的，不过看你怎么喝而已。有的人先把甜酒喝光了，后面统统是苦酒；有人先把苦酒喝光了，他后半辈子就都剩下喝甜酒了。我建议年轻人先喝苦酒，苦酒有限，喝完就完了，后面的甜酒很甜，就好像倒吃甘蔗，人生就很有味道。

"谋定而后动",实际上是讲了一些做人的道理,而且有很多的人生哲理,其中提到了一个如何与自己的上司相处的问题。这可能是每一个员工都感觉非常新鲜、非常有趣的一个问题,而即便是一个层次很高的人,依然会被他人钳制。

第五章
做好上级交办的事情

我们处在社会这个链条中,每个人都是其中的一环。每个人都有上级,也都有部属。怎样与上级搞好关系,是我们每个人都关心的问题,它非常现实,也有其奥妙。同时,它也是人性管理中非常重要的问题。

与上级交往的第一条：不能拍马屁

与上司相处，首要的一条是不能拍马屁，因为在中国，没有一个人是靠拍马屁成功的。也许有人会有疑问：很多拍马屁的人都过得很好啊？我想说，那是我们看错了。

我问过近百位老总："你喜欢用拍马屁的干部吗？"他们会马上板起脸："你看看我是那种人吗？只要有哪个干部被我发现在拍马屁，我马上干掉他，因为我迟早会被他害死！"显然，中国的老总没有一个喜欢用拍马屁的干部。

我再问干部："你喜欢拍老总的马屁吗？"他们的脸都很难看："我拍什么马屁？我工作做好

了就行了,我为什么要拍马屁?"

学术界的人士都说中国有"马屁文化",我觉得很奇怪,因为如果你去问问,去做一下调查就会很清楚!

当然了,谁拍马屁也不可能承认,但其实也不完全是这种情况。

甲、乙、丙三个年轻人跪在大法师面前要求剃度当和尚。

大法师出来问:"你为什么要来当和尚?"

甲说:"我爸爸要我来的。"

大法师当头一棒就打了下去:"这么重大的事情自己不决定,你爸爸叫你来,你就真的来了,将来你后悔怎么办?"

对于甲的回答,大法师讲的话是对的。

大法师再问乙:"你为什么要来当和尚?"

乙一听甲说"爸爸要我来"会挨打,就说:"我自己要来的。"

这下大法师打得更凶:"这么重大的事情,不跟你爸爸商量就来了,你爸爸向我要儿子怎么办?"

对于乙的回答,大法师讲的话也对。

大法师再问丙:"你为什么要来当和尚?"

丙吓得一句话都不敢讲。

大法师用了全身力气打下去:"这么重大的事情想都不想就来。"

这才是中国社会。

如果你是第四个人,面对这样的问题,你怎么回答?

有人会这样回答:"我受佛祖的感应。"言外之意,你敢打我吗?我把佛祖搬出来了。结果大法师两只手就打下去了。为什么?他完全没有面子了——修行了几十年,佛祖都没有给他感应;你还没修行,佛祖就给你感应了,看你头破不破?

这其实是个笑话。

年轻人真的要动一动脑筋。其实，这个问题只有一个答案，没有第二个——"我受到大法师的感召"。因为这句话讲到对方的心里去了。所以，什么叫中国式沟通？就是讲到对方"打"不下去，讲到对方没辙。

有人会问，大法师会不会说："让你拍马屁！"啪！又打一下？肯定不会。因为这不叫作拍马屁，这叫作"马屁味道"。中国人擅长制造马屁味道，很多人也都喜欢马屁味道，而实际上却真的很讨厌马屁精。

那么，是否可以这样理解：有些事情要做，但不要把它当成是拍马屁呢？不是这样的。我认为，还是要看动机，看看你是否存心拍马屁。

我还必须说明的是，中国人是无法讨好的，因为中国人太敏感。

中国人的警觉性非常高，而某些警觉性高的

人，他们的疑心也是非常重的。有两个小女生，只要看到一个大男生从外面笑着过来，其中一个女生马上会对另一个女生说："大老远就在笑，你要小心啊，他不怀好意！"西方人碰到这种事，会认为他只是笑笑而已，而中国人就会提高警惕。

还是前面举过的例子，如果说那个大法师警觉性很高的话，年轻人回答说"是大法师感召我来的"，还会挨棒子，怎么办？

在我看来如果是这样，那个人就没有资格当大法师了。但我认为，面对大法师的提问，很完整的回答是这样的："我受大法师的感召，我爸爸也同意了，我自己也考虑过，而且好像佛祖也有这个意思。"完完整整地回答，他的棒子怎么都打不下去。

上级交办的事情要接受

一个人跟对方讲话只有一个诀窍,就是要讲到对方听得进去。所以,跟上司交往最重要的是要记住一条:上司永远是对的。但是,如果行不通怎么办?

太简单了(我升迁很快,就是因为我懂这个),我的老板叫我去死,我就说"好",因为他永远是对的嘛!我也拿这个考我的学生:如果你的老板叫你去死,你会怎么反应呢?70%的人这样回答:"我回头叫他去死!"这种人谁敢用啊?所以,我统统给他们零分。他们很不服气:"老师,你的答案是什么?"我说:"我讲给你做参考。太简单了,我会说'好,我去死',然后不去死不就好了嘛!太轻松了。"

学生们就问:"但是,如果老板发现你没有去死,会不会说你不听他的话呢?"

我给大家举了以下这个例子：

乾隆皇帝对刘墉说："你去死！"那个时候君叫臣死，臣不得不死，可刘墉照样没有死。

刘墉领旨后就开始动脑筋怎样才能不死，于是他把自己泡在水里面，泡得全身都湿透了，然后又出去见乾隆。

乾隆："我叫你去死，你居然敢不去死！"

刘墉："我去死了。"

乾隆："你骗我，你去死了，怎么又回来了？"

刘墉："我去死，被一个人骂回来了。"

乾隆："被谁骂回来了？"

刘墉："屈原。屈原说，他是碰到了坏皇帝才自杀的，刘墉碰到这么好的皇帝好意思自杀吗？所以我就回来了！"

乾隆："回来就好。"

为什么？刘墉讲的话马屁味道很足，但绝对不是拍马屁。

那么，可不可以理解成是刘墉比和珅拍马屁的艺术更高呢？我们不这样讲，我们并没有说刘墉拍马屁。我们前面讲过，要看讲话人的动机，要看他是否存心拍马屁。

对一个人而言，最要紧的是一个字："品"。三个口叫"品"，我们说这个人人品好，就是说有三个人说他好才算数，你自己说好不算数。所以，看过这个故事的人都说刘墉好，看到和珅就说他坏，即使和珅再怎么样会做事、再怎样头脑灵光，大家也都不喜欢他。因为看人的高低，西方人看专业，中国人看人品。

有人问，如果我的老板告诉我任何事情我都要说好，但真的有问题了，那该怎么办呢？

那就过10分钟、20分钟，再去告诉他有很多困难，他自然就会改变。这是一个绝妙的关键：千万不要去改变你的顶头上司，你要想办法让他自己改变，这样你就轻松了。因为上司自己改变会很有面子，你去改变他，他会很生气。

所以，正确的做法是：你明知道办不到，你也说好，回头再讲办不到，老板就会说"那我们改一改"。改了之后，跟你的想法一样，但你一句话都没有讲，只是推着老板在改变而已。

有些人只相信自己的东西，绝对不相信别人。但是，你所做的是启发，是向上启发。要和上司处得好，让他照顾你，但是你不能讨好他，这是最要紧的事情。你讨好他，他会把你当奴才，可是人不能做奴才。所以，很多干部到最后被主管当成奴才，自己也要检讨。

做部属的要做到好像听话又好像不听话，说不听话又很听话，说听话又不听话。这样，上司才会喜欢你。这是个高明的技巧：在什么时候该听话。如果正好反了怎么办？这就需要我们做到外圆内方。

难以领命的事情不能做,也不能说

这是一个比较敏感的问题:上司叫部属去做违法的事情,怎么办?

我们的原则是:第一,不可以做;第二,不能说。

现在很多搞管理的人都说:"你要勇敢地说出来!"我认为这是在害人。

如果老板让部属做违法的事情,这个时候能不能勇敢地说出来呢?

我认为同样不能说。第一,你按老板的要求去做会坐牢;第二,你要是说出来就没有人敢用你,因为你是个"定时炸弹"。一个人要善意地理解自己的上司:他不知道这个是违法的,才会叫我去做,他不是故意的。这才是很好的部属。

所以,老板叫你做违法的事情,你不仅不要去做,而且也不要去说。你不说他不问,什么事情都没有了,这叫作不了了之。这是最简单、最聪明的做法。

研究实际情况,有问题提出来试试看

如果老板有意叫部属去做违法的事情,你不做,他自然就提高警觉:这个人不会做,就不要再去找他,叫别人做就好了。事情也就化解了。这就是我们曾经一再强调的大事化小、小事化了,化解问题于无形之中的道理。

如果老板问你:"那件事怎么样了?"你不能告诉他那是非法的,因为他接受不了。你要说:"正在找法定的依据。"这是一句话两面说。你到现在还没有找到依据,看他怎么回答,他是什么态度。

第一种情况。如果他说:"没有找到法律依据,你不能做。"这就表示他是没有恶意的,只是不太了解情况。你要跟他说明:"找是找到了,不过可能都跟我们的想法相抵触,真的去做就是违法了。但是,你如果叫我做,我还是会去做的。"你把话说得既婉转、又明白,他就会说:"你可别开玩笑,千万不要做。"

就这样,事情虽然没有做,老板还是很愉快。说到底,违法的事你还是不会做,只是做人情给他,让面子给他而已!几次沟通下来,他到最后会赏识你的。

第二种情况。如果他说:"不管有没有法定依据,你都要去做。"说明他是存心的。

对此,我们还要问个为什么。为什么每次违法的事情你的老板都叫你去做?就是因为你很习惯做这些事情。老板为什么不去找别人?因为老板叫别人做,别人不肯去做。

那么,老板的话到底对不对?

老板的话永远是对的。所以,有些事你如果

做不到的话,一定要去跟他沟通,慢慢让他自己改变,千万不要去改变他。

有问题请上级拿主意

老板永远是对的。但我们还要帮助他不要做错误的决定,不要违法,不要得罪人,这是我们做人做事的基本出发点。

一个人的能力有限,而且能力也有大有小。如果说你确实办不了某件事情,要不要跟老板说呢?

我的答案是:你一定要告诉他,否则老板会生气。我的经验是:告诉他是上策。

"让老板自己改变主意,是不是非常难的事情呢?"做部属的人经常这样问我。我说:"其实很容易,真的很容易。"

老板叫我去找甲再去找乙一起做事。我明

知道甲、乙两人是死对头，但是不说破，我会说"好"。一会儿，我就会回来跟老板报告："糟糕了，他们两个在吵架，我都不知道怎么讲，我等等再去。"老板说："你还去干什么？这种情况你还去？找别人啊！"你看，他马上就改变了。

此时，你千万不要说："他们两个吵架，我就判断他们两个关系不好，所以我不找他们。"老板说："哪有这回事，他们吵是因为别的事情，你去找他们。"如此，你就完了。

向老板汇报，是要让老板了解情况，同时也要看看老板的反应。这样我们就能做到知己知彼，心中有数，掌握主动权。这样做，其实是我们在操控，而不是老板在操控——我们向来是占主导地位的。

也就是说，必要的时候使老板改变一下主意，适当地控制老板的反应。这一招不能用得太狠，也不要轻易使用。适可而止，人家会尊重你;你用得太狠,什么东西都算得很精,所有的人都会怕你。

所以,中国人不能精明,而要聪明,聪明就是不要外露,外露的叫作精明。为什么中国人都要装糊涂?越聪明的人越是要装糊涂,不聪明的人才会显示他很聪明,也是这个道理。什么叫作大智若愚、难得糊涂?就是这个道理。

察言观色,心中有数

我认为,在管理的过程中,要做到高层,就必须要有这个境界:什么事情一眼就看出来了。我认识很多高层人士,他们就是靠两只眼睛吃饭的。一个客户走进门来,他们就知道这个人会不会杀价;另一个客户进来,他们就知道这次会不会成交。但他们要表现出不知道,更不能说出来,因为如果让对方知道最后可以成交,就做不成这笔生意了。

当一个人出现在你面前时,已经把内心的决定透过眼睛显示出来了。这是孟子讲的话:看一个人要看他的眼睛,人的全身都会伪装,只有眼睛是真实的。眼睛为什么叫作"心灵之窗"?就是我们所有的内心活动都能透过眼睛诚实地表露出来。于是,我们才知道为什么中国人要修炼得两只眼睛麻木没有表情——老到的人的眼睛没有表情,有表情就泄露天机了。所以,职位越高的人,眼睛越没有表情,让你猜不透他在想什么。

我认为,把这些心理活动搞得清清楚楚,天下大局就在你胸中!

另一方面,我们对上司其实也是透明化的。

西方人很单纯地讲权利和义务,制度规定了向谁报告就向谁报告,不在乎他是什么样的人。中国不是,很多情况下,规定向谁报告,我们偏不,就要跟另外一个人报告——看你能把我怎么样!

我们有些人的眼睛是一直往上看的,看上面这几个头儿哪一个最得老板的心,如果是甲,就向甲报告。尽管乙是他的顶头上司,他照样不理——不管对与错,只要对自己最有利。

有些人是这样的:即便有制度,他也不会找你报告,他自己会去找,而且找的人对他都很有利,大家还都说这样好。

第六章
部属工作做不好领导有责任

作为上级,在和部属相处中处于主动位置,所以,和谐的、互动的上下级关系,往往更多地取决于上级。作为上级,该如何与自己的部属相处呢?

指派工作是考验上级的能力

一个领导要部属做什么？是让他把工作做好。一个组织的各种活动实际上离不开工作，只要干部工作做不好，老板最伤脑筋；只要员工工作做不好，干部就急得要上吊。

部属事情做不好是谁的责任？是领导的责任，是因为领导指派工作不恰当。

就好像当老师的指定学生做作业一样。你指定的作业全班同学都不会做，你这个老师算什么？老师一定要会衡量学生的能力和时间，然后给他指定作业，这才是好老师。

主管也是一样，你用6个部属，就要对6个

部属的能力、水平一清二楚，给甲挑50担，因为他能够挑50担；只给乙挑20担，因为他只能够挑20担。你不可能给他们同样的工作，否则就表示你不识人。对不同的人给予不同的任务，这叫作知人善任。如果一个上级有这样的认知，指派工作就比较慎重。

指派工作这件事是考验上司有没有领导能力的一个很重要的指标，要慎重。你指派的工作乱七八糟，结果搞得一团乱，最后你要扛这个责任，麻烦还是你的。这个人不喜欢说话，你偏要派他去沟通，这是自找死路；那个人很喜欢说话，你派他去谈判，还是死路一条——他一直说却不肯听。谈判的工作是先要沟通，然后再谈判，光说不听，能行吗？

指派工作要根据每个人的个性、习惯和能力进行综合考虑，这叫作量才适用。大材小用不行，小材大用也不行，一定要量才适用，才能体现出来领导的本领。

适当指派工作,还要跟踪指导

另外,上级指派工作后,一定要跟踪。现在许多管理过程都缺乏这个环节。

例如,你指派某人去蒸馒头,某人说"没问题呀"。然后他没有蒸,你也没有再过问,等到吃的时候,他会说:"哈哈,我忘记了。"你能把他怎么样?

有的人从来不找其他理由,只说:"啊,抱歉,忘记了。"一言以蔽之,那谁倒霉呢?当然是当干部的倒霉,大家饿肚子,你得担责任。你为什么不跟踪呢?"跟踪"是做好工作的一个重要环节。你派人去看看某人到底有没有在蒸馒头,有,就放心了;没有,就再找一个人去问他为什么不蒸。这是跟踪。

所谓"跟踪",实际上是指派工作之后要去检查:这个部属有没有在蒸馒头,或者他蒸得对不对,发现问题要及时处理。

作为老板,不要直接去找当事人(直接去找,他受不了),要派人去告诉他应该怎么做。最后,还要嘱咐说"你不要说是我说的",至于被派去的人怎么说,要自己斟酌。

中国人交代"不要说是我说的",是给对方面子,因为是听者要去说。至于要怎么说,听者需要自己调整,不要把说话人的话彻底传出去。因为自己的话被赤裸裸拿去传,中国人最生气不过。

中国人在沟通时有三句经典语,翻译成英文,没有一个人看得懂,而且是大笑话。第一句话:"我告诉你,你就不要告诉别人";第二句话更妙了:"你如果要告诉别人,就不要说是我说的";第三句话更绝:"你如果告诉别人,又说是谁说的，我一定说我没说"。

明明是自己说的话，却不承认，而且还要反问："哪里说了？我会说这种话吗？你看清楚，我像那种人吗？"这是中国人很经典的一套心理。

其实，我们大家也经常碰到这种情况。中国人的逻辑是这样的：我告诉你，你不要告诉别人，你告诉别人你要自己负责。中国人一向如此，这是在告诉对方：你要自己去调整，调整到合适的度，说与不说你自己定；你要怎么说，所有责任你自己去负，不能赖在我头上。我认为这个逻辑很对，没有错。

把上级的话直接传给下级，这是最坏的干部；把下级的话直接传给上级，这也是最坏的干部。但是，按照西方的理论，是倡导这种做法的。

一个中层干部的职责本来就是上通下达，否则就是失职。但是上传下达，要有转折，不可以赤裸裸。干部应该有这种警惕性，应该明白事理。

老板跟干部讲的话,如果干部赤裸裸地传给员工,员工来找老板,老板一定否认:"是他听错了。"

老板和员工要好聚好散

在西方,如果要辞退员工,到星期五就直接告诉他下个星期不必上班了。而晚上两个人在超级市场见面时,可以做到"Hello,Hello",像没事儿一样。

在中国,当老板的要开除员工,绝不会赤裸裸地把员工叫来,让他走人。其实,每一个老板都有权力开除员工,但是没有一个老板会去开除员工,他知道后遗症——麻烦。老板犯不着自己去做,只要把那个员工的顶头上司叫来就够了。

主管:"甲很好呀,工作能力很强,责任心很强。"

老板沉下脸:"真的是这样吗?"

主管:"其实不是这样的,他是一团糟,这样不好,那样不对。"(中国人随时在变。老板脸色一变,主管也就跟着变了。)

老板:"原来你知道他有这么多坏处,我还以为你不知道,既然知道了,你留他干吗?叫他走,你不叫他走叫谁走呢。叫他走,但不要说是我说的。"

在中国,很少有老板敢轻易辞退员工的。有人会问:"如果一个老板让他的部属去开除员工,那不就是把危险转嫁给这个干部了吗?"是这个意思,但结果是不是危险,还要看干部怎么做。

那么,作为一个中层干部,是否应该背负这个风险呢?按道理说,干部的一个重要的作用,就是替老板承担一些责任,或者说替老板挨骂。但是,现在太多的干部是不背负这些的,他会偷偷地对员工说:"不是我不要你,是老板叫我开除你。"要我说,这种干部完全没有良心。

干部的正确做法其实也很简单。

干部:"你现在对工作满意吗?"

员工:"很满意。"

干部:"你觉得满意,但是有人对你不满意。"

员工:"谁呀?"

干部:"我也不知道,我只是听说,而且是最近才听说的。你如果觉得你满意,那为什么人家对你不满意啊?"

这位员工就开始讲原因了。

干部:"既然有这么多事情,你还觉得你对工作满意吗?"

员工:"我不满意。"

干部:"那不满意没有关系啊,我给你调一个部门就好了。"

员工:"我不要。"

如果无论干部怎么说他还是"不要",那怎么办呀?他就会说:"那我干脆辞职算了。"

干部:"那怎么可以辞职,大家在一起好好的,怎么可以辞职呢?"

员工:"不行,我非辞职不可。"

第二天他就辞职了。

中国人是这样的,你越留他,他跑得越快;你一同意,他就翻脸。我劝告过很多老板,你的干部向你辞职,绝对不要批准太快,那样的话他完全没有面子,想留都留不住了。

一家公司的人员流动很快,老板很着急,就请我去了解一下情况。我到那儿只用了半天,就跟他讲:"只有一个原因,员工辞职你批准得太快了,所以大家都走光了。"因为这家企业的员工跟我讲:"早上才辞职,下午就批准,那不就是等我们走、逼着我们走吗?干脆走了算了。"

因此,老板们一定要记住:好聚一定要好散。如果不想要一个员工,你一定要留他,留到他自己走,让他很有面子地离开,你就是成功的;让他没有面子地离开,老板就被动了——他会到处给你搞破坏。结果就是:员工要整老板,比老板整员工还快。

部属工作做不好:"不能"?"不为"?

部属做不好工作,老板不想开除他,而是希望他做好。在这种情况下,身为领导该怎么做?

孟子讲得好:一个人做不好,有两种状况,一种叫作"不能也",一种叫作"不为也"。

如果一个人真的不能干,很容易,去训练他、培训他就可以了。但是,他能干却不做,"是不为也,非不能也"。原因有三:第一,不肯做;第二,不敢做;第三,不愿意做。作为领导,要具体分析一下原因,如果他心不甘、情不愿,你把他怎么样?

我看到过这样的干部,他平常穿得整整齐

齐，一听到有外宾来，他就换拖鞋，搞得乱七八糟。我问他为什么，他说："我是给老板看的。"有人问："难道你就不怕被老板开除吗？"这位干部自信地说："他敢开我吗？来吧，我就等他来逼我的时候跟他算账呢！"

的确，老板也真的不敢开除他。

事实上，要少得罪中国人，不要讨好中国人，这样是对的；讨好是讨好不了的，得罪也是得罪不起的。

"不为"的原因

员工不做事有几种情况：不肯做，不敢做，不愿做。作为领导，如何判断到底是哪种情况呢？

很简单，如果他平时工作做得很好，而此时不做，就是不愿做。

我们一定要分析一下他为什么不情愿做。第

一，他可能觉得委屈；第二，可能是做了半天，却连一个口头的奖励都没有。中国人很有意思，你奖励他，他会说不需要奖励；你不奖励他，又要说为什么没有奖励。

因为中国人的特性是相当矛盾的，叫作阴阳合一体。西方人很单纯，用"有没有信用"就把人分开来了。但是不少中国人，有时候很有信用，有时候却很没有信用，你无法区分。你不让我做，我就是要做；你要让我做，我偏不做。这就是一部分中国人的特性。

当上司发现这个员工不愿意做工作时，要分析一下原因，看看是激励机制不够，还是有其他的原因。

一般情况下，除了激励机制不够以外，中国人最在乎的就是自己在他人心目中的位置，在乎自己在他人心目中有什么分量。这是西方人始终没有办法了解的。

安抚好能干、耍大牌的部属

一个很能干的人,很在乎老板心中有没有他,只要发现老板心中没有他,他就不干了。敢这样做的人都是有两下子的。俗话说,没有三两三,谁敢上梁山!结果就是三个字——"拖死狗":不辞职、不做事情、你讲什么就是不听。而你要开除他,所有人都觉得开除这么能干的人会影响员工的情绪,令你为难。

事实上,越能干的人越喜欢耍大牌。手下有这么一个人,作为老板该怎么收服他?该如何让他心甘情愿来给你干活呢?这也是考验老板水平的时候。

如果我是领导,我会到所谓"大牌"的人家里去看他。我一到他家,他全家人都紧张:"你看,搞到老板都来,可见你平常不守本分。"家里人会给他压力。但我一定说"没有什么事",

而我越讲没有事,他就会越紧张。

对这样的部属,我会拍着他的肩膀说:"我告诉你,我不会看错的,我知道我们这个团队所有的人里面属你最可靠,属你最有能力。我不会看走眼,你不要以为我不会看人。但是,我如果捧你的话,所有的人都要打击你,你会划不来。所以,我会在众人面前贬你,但是私底下会捧你。我现在让你选择,你是让我在公开场合捧你,还是让我在公开场合贬你?"部属说:"最好贬我,我比较安全。"我会说:"那不好意思。"第二天怎么样呢?他一定好好干,干得比谁都好。这就叫作"请将不如激将"。

如果老板以这种态度到部属家里去,部属肯定是肝脑涂地,什么都肯干了。其实这种做法是有传统的,刘备三顾茅庐就是很好的例子。

这样做不仅需要一种技巧、一种方法,更需要一种胸怀。而作为领导,胸怀要很宽广,一定要舍得让部属表现。

现在到部属家里去的老板比较少,我认为这样的老板会失去很多。作为老板,你应该到部属家里去,这样做就等于把人事部门放到他家里面——有人替你天天看着他了,比什么都管用。另外,一个老板去看部属,他全家人都会感动,也会给他以压力的。

这就是我们所讲的制度外运作,也就是我们之前讲的有好制度,还需要"软件"配合。

不过,这种"拍肩膀"的方法虽然"惠而不费",却不能常用。适当的情况下,还是要给部属加薪的,10次"拍肩膀",要有1次加薪才有用;10次"拍肩膀"都没有加薪,到第11次再去拍的时候,他会痛的——少来这套。这时,你的办法就没有用了。

一个好的领导,是这样用人的:精神一定要配合物质,不能嘴巴讲讲就算了;但是物质是无底洞,也不能常常给物质。所以,有时候我们"拍肩膀"是很管用的。

但是,我也提醒各位:部属千万不要去拍上司的肩膀。

第七章
正确处理部属越级报告

第六章我们探讨了上级对待部属问题的一些普遍原则和做法,但有些上司还会遇到一些比较棘手的情况,比如部属越级向上级报告自己的不是或者其他情况。作为上司,遇到这种事情该怎么处理呢?

越级报告为非常态，不是常态

越级报告是职场中非常常见的现象，但并不是好现象。之所以出现这种情况，多半是因为上下级之间的沟通渠道不畅，它是一个非常态，而不是常态。

甲、乙、丙是三个层级，甲是总经理或者老板，乙是中层干部，丙为基层人员。

甲如果直接去找丙，在中国人看来没有问题，这叫作亲民。而在西方这也叫越级：照理说，甲应该只找乙，乙才能找丙。

如果丙直接找甲，我们把它叫作越级报告。总经理随时可以找全公司的任何人，没有什么层级观念,也不需要层级观念。可是,底下的人一定要层层向上汇报,必须走这个过程。只要你越级,所有人都会怀疑你。

所以,丙一般不会主动去找甲。原因是,丙如果直接去找甲,所有人都怀疑他去打小报告——要不然他怎么会去?丙到甲的办公室去,一定是甲要找他,否则他不会去。

如果甲找丙,丙一定要事先向他的顶头上司乙报告:"总经理是怎么回事呀,他应该找你,怎么找我?到底有什么事,你交代我我才去。"他要请示顶头上司,得到理解和许可才行。假如他说:"总经理叫我?好呀。"马上就去,多数人都怀疑他:他就是总经理派来基层卧底的。想想看,谁还敢和他在一起呢?这是中国社会的文化环境。

处理越级报告的是与非

那么,我们在面对越级报告时,该怎么处理?请看以下两位总经理不同的处理方式:

A 很仔细地听,然后亲自去处理。这种做法大错特错。因为以后所有干部都没法做事了,一是没机会说话,二是没机会做事——总经理自己就做了。

B 听了报告说:"丙,你去告诉乙,不要告诉我,按照层级来。"这种做法也是大错特错。因为丙有沟通障碍,不得已才找总经理报告。而只要你不许可部属越级报告,每一个主管都会一手遮天,垄断了所有沟通渠道,总经理就被束之高阁而内情不通,如此,公司是要出乱子的。

为什么这样做也不对,那样做也不对?因为这就是我们的思维方式、我们的哲理。

那么,面对这种情形,领导该怎么办呢?他

山之石，可以攻玉。让我们先来看一下西方人的做法。

西方人要么就是层层皆知，谁都不可以例外；要么就是开一个公开听证会，让所有人都来抱怨。

这在中国行不通。每个民族都有自己的生存之道，不要去学，学也学不来。中国人的心理是这样的：只要总经理亲自处理了越级上报的事情，干部统统心灰意冷——没有做错事，总经理坐"直通车"，要干部做什么？于是，干部就开始讨好员工，久而久之整个公司就会被搞垮。

我当秘书时，经常会把在公司里看见的事情报告给老板，其实就是打小报告（一定要做，秘书不打小报告人家用你干什么）。中国的老板马上问："谁说的？"而西方老板则会马上拿起电话叫那个人来，让他们当面对质，后果是：从此以后，部属什么都不向他报告了。

认真倾听，但不必亲自处理

一个有智慧的领导面对越级报告时，要替打小报告的人保密。现在，有的领导常常把打小报告的人透露出去，这是不对的。就如同一个盗匪来抢劫，旁边有人看到就去报警，结果警方不小心泄露了举报人的信息，举报人就被盗匪杀害了一样。

一个人肯打小报告，是冒着相当风险的。除去职场新人，一般情况下，很少有人会直接越级报告。正因为正常的渠道行不通，员工才会直接找老板（中国人并不喜欢越级报告，因为风险太大，搞不好会断送自己在公司的发展前途，他是出于无奈）。可能的情况是：丙讲了几次乙都没有回应，几次报告上面都漠然置之、无动于衷，丙迫不得已才越级向甲报告。

这时，领导唯一的办法就是替他保密，而且

要认真、仔细地倾听，了解事情的来龙去脉。不过，有一点需要特别注意：尽管丙的出发点无可非议，但是其对于事情的说明毕竟属于一面之词。所以，领导对于越级报告不可全听。

同时，也无须亲自处理。亲自处理是费力不讨好，部属会心灰意冷。对越级报告，老板们不可以去处理，但是不能不知道，听完后要告诉丙："谢谢你告诉我，不过你还是要去告诉你的顶头上司，我会暗中监督他处理的。"

静观其变，无为而治

基层职员按照老板的吩咐向他的顶头上司报告之后，作为老板还应该怎么做呢？

我认为，老板要静观其变。此时，乙非找老板解释不可，他一定会找很多理由。老板一定要说："没关系，你去处理好了，你处理事情向来都很有把握的,这种小事情还难得倒你吗?"老板一信任,乙就更加认真地做。如果老板一开始就指示乙应该这样、那样,没完没了,乙就会有抵触情绪。

也就是说,一个会做领导的人是这样的:好像什么事都没有做,但是其实什么事都做了。

在中国象棋里将和帅完全没有作为——老将不离开城,老帅也不离开城。所以,西方人对此很怀疑:这样的老将和老帅能当领导吗?我就问他:"将、帅都不厉害,什么比较厉害呀?"他说:"车、马、炮比较厉害啊。"我说:"好,这些厉害的车、马、炮,能为那么不厉害的将、帅而牺牲,谁更厉害呀?"显然,还是将、帅更厉害一些。

将、帅能以静制动,无为而治。所以,为什么孔子讲无为,道家也讲无为,有道理——无为是高度的智慧。

一讲到无为,很多人都很不以为然:我就是要大有为,怎么可以无为!而我以为,一个要大有为的人一定要先懂得无为,才会大有为。

《西游记》里面最能干的是孙悟空,但是孙悟空却不是领导。

有很多领导很能干,很有个性,我开玩笑地讲:"你很能干呀,你像孙悟空。"他们很高兴。我又说:"回去看看,你的干部统统是猪八戒。"他们就很不高兴。可是,过后他们会打电话给我说:"曾教授啊,你没讲我还真的没有注意,你一讲我回去注意看,果然我的干部统统是猪八戒。"

什么道理呢?因为只有猪八戒才会跟孙悟空。如果老板都像孙悟空那么能干,凡事亲自处理,人才就会统统跑光,留下的都是奴才,老板就累死了。很多人觉得,做得了孙悟空的老板才是好老板,可是为什么是唐玄奘当老板。

唐玄奘什么也不会，但他就是老板。孙悟空神通广大，一看见妖精就跟唐玄奘讲："师父，这是妖怪，你要小心！"唐玄奘在其帮助下，顺利完成西天取经的任务。今天的情况就是这样。所以，老板要如何做好唐玄奘，干部如何做好孙悟空，这是我们要去研讨的问题。

认真与部属沟通

自己的部属越级向上级报告，作为中层干部应该怎么办？

越级报告是沟通不畅的结果，哪里堵塞了，哪里就要疏通。中层干部首先要反省，渠道畅通，大家共事就会愉快。

首先，要先检讨自己。我认为我们应该学孔子这一点：先检讨自己。自己一定有做得不好的地方，才会使别人这样——要是好好的，他为什么会这样？丙报告给自己就好了，为什么非要冒得罪自己这样的风险去越级汇报呢？

其次，一定要查出是哪位部属报告的，并询问原因。比如对丙说："是不是我哪里做得不够好？我有什么地方需要加强还请告诉我。"于是丙会告诉你，他是不得已的。你要诚恳地对他讲："没有关系，你以前讲了几次我都没有听清楚，但现在再讲给我听听，大家好好想想。"

部属越级报告，作为中层干部、主管，千万不要刁难丙。

当一个人碰到瓶颈时，唯一的办法就是面对这个事实，认真想办法去突破，而不是在那儿发脾气、耍权威、摆脸色给人家看。当你做了什么不好的事情时，一定要冷静地面对，去改变，去克服。你有诚意改正错误，你的部属就会慢慢地回心转意与你和好。

人非圣贤，孰能无过？错了不要后悔，也不

要骂人。错了，要冷静地想一想，自己一定有什么做得不对的地方；也不必给他人道歉，好好地跟对方谈，自然我们会找到一个共同点，大家一起来努力解决问题。老板自然就很赏识你，部属也自然就很佩服你，将来大家共事就很愉快。

事情得到妥善解决后，是否会给基层的员工造成错觉，认为以后的事情不必找中层干部，直接找老板就好了呢？很多中层干部都会有这样的担心。

其实，这不是实际的情况。中国人不喜欢惹事，迫不得已才会冒险。大家都喜欢走正常渠道，正常渠道不畅通的时候，才走非常渠道。既然正常渠道现在已经通了，就照常走好了，为什么要去走非正常渠道呢？

作为中层干部，要让你的部属感觉到，你这儿的渠道是通的。做到你的部属肯和你沟通，你就成功了。部属如果不肯跟你沟通，你还要多加用心，另外想办法。

怎么用心呢？很简单，就是要去照顾他，你照顾他，他就跟你沟通；你不照顾他，他就不理你，他也根本不需要理你。

有必要说明的是，西方人是有话就跟你讲，个别中国人的出发点就是有话也不跟你讲。这个很麻烦的。所以，学了西方那一套沟通方式，在中国社会也是行不通的；用西方那一套领导方法来领导中国人，也行不通。

所以，如果员工下班就走，都不跟你打个招呼，作为领导就应该知道，你在他心中已经没有地位了。

有人会问，如果部属有很多人的话，是不是要照顾到每一个人呢？

我认为是一样的道理。会当领导的人应该有这样的本领：所有部属不见面不打招呼不会下班。为什么？有突发事件时，他怕你找不到人。能做到这一点，你这个老板就成功了。有的老板跟我讲，自己永远是公司最早到的人，永远是公司最晚离开的人。为什么呢？那是他自己的问题。

如果按照这个逻辑往下推，一个老板能做到自己走了，部属还不走，那是不是就更高明了？什么事情都有度，适度才好。过分了就另有企图，老板就是要防那些不走的人有什么企图。因为那样做太过分了，一个过分认真的人，经常都是有不良企图的——往往是那些"忠心耿耿"的人最后出卖你，要小心。

各居其位，各自修炼，各安其所

越级报告这种情况，甲应该如何处理谈过了，乙应该怎么办也讲过了，再来看一下丙。

丙在什么样的情况下可以去越级报告呢？一

定是多次沟通都没有成功，丙才可以越级报告，这样其他人才会理解和同情他。事实上，在甲、乙、丙这三个人当中，丙的风险最大。

我要是丙的话，既不会越级报告，也根本不会找我的顶头上司，因为我知道我的话他听不进去。我会找顶头上司的助理谈："你跟我们的老板比较接近，你知道什么时候讲，你也知道怎么讲，所以我现在把这个情况向你报告，你能讲就讲，不能讲就不要勉强。"他一定帮我去讲，因为他要表示他的能力。因为我通过他，就是给他面子，就是尊重他，他无论如何要帮助我跟老板讲通。如果我直接去找老板，助理就给我小鞋穿。

有经验的人知道，秘书、助理职位不高，但是千万不要看轻他。我是当过秘书的人，知道秘书为什么了不起——要整人太容易了。你跟他不去，好，你的文件来了以后，他摆在那里，不替你传。等到老板心情非常恶劣的时候,他会传进去,老板马上叫你过去训话,他就高兴了——不把他放在眼里,你试试看!

所以,如果每次老板发脾气的时候总找你,就是你跟他的秘书处得不好,这是非常容易明白的事情。秘书要想帮你忙也很容易,他会等到老板心情很愉快时,把东西放在手上跟老板谈,谈到老板很高兴的时候再递上你的文件,老板马上签字。

不要小看秘书,不要小看助理,他能要你成也能要你败。所以,我们对办公室主任、秘书、总裁特别助理都要另眼相待,就是这个道理——他一招,你就死了。

所以,除了能力以外,决定一个人成败的因素实在是太多了。这就是命运的偶然性。你只要一点不注意,就会前功尽弃。你一定会觉得做人真是很麻烦、很累,其实不然。

我们再次重申一个原则：各个阶层的定位不一样，角色扮演不同，不能一概而论。基层的人要去磨炼自己的一套功夫，怎么样把基层工作做好；当干部的人一定要有一套功夫，怎么样承接上下；当老板的人，也要有一套功夫。这样，大家就会做得轻松愉快。

你越来越轻松、越来越快乐，就表明你的方法是对的；你越来越累、越来越紧张，就表明你的方法是错误的。

第八章

上级越级指示部属要回应

在第七章中,我们了解了基层员工丙越级向上级领导甲报告时,甲、乙、丙三方应该如何去处理。那么,甲如果越过丙的顶头上司乙,直接向丙做指示的时候,各方该如何来回应呢?

上下够不着,中间最难受

作为中层干部,上司越级指示你的部属,你最难受。

我们再仔细看一遍第七章的内容。面对这种情况,乙没有办法,虽然看不过去,也不可以去反对这件事情,因为反对后吃亏的一定是乙。

乙:"哎,不对啊。你有事情应该找我才对,你怎么直接找到我的部属呢?"

甲:"我怎么没找你,我找你了。你不在,不晓得跑到哪里去了。我不骂你是好事,你还讲什么?"

这时候,乙肯定很被动,永远是吃亏的。

不仅如此，乙还要承受另外的压力，就是甲直接找了丙后，他还会回头再问乙："那件事情怎么办呢？"如果乙反问："哪件事情？"甲会很生气："你什么都不知道啊？你当什么主管啊？"这就是最奇妙的地方。甲会直接去找丙指示，但是回头来问乙，考验考验乙的领导能力怎么样，是否掌握得住自己的部属——部属干什么，你是不是都知道。

乙是不可能避免这种状况的，所以一定要想办法去处理。

另外还有一种状况，其他部门经理也会直接找乙的部属。照理说，他们应该先知会乙："我要找你的部属（总要尊重乙一下），你同意我才去找他。"但是，实际上往往不是这样的。乙能有什么办法？乙没办法制止他们。

丙接到另一个部门经理的通知，他最关心什么？会是什么心态？丙最关心的是这两个人在大老板的心目当中，哪个人的分量比较重，而且他很快就可以了解到。也就是说，他要知道听谁的话对他来说最有利。

如果丙发现 A 经理最得老板器重，他也不必请调到 A 部门，直接花钱送一份礼给 A 经理——丙人在乙这里，心却在 A 那里。

所以，我们常常感觉到明明是自己的部属，怎么喊他就是不动；别人一招手他就跑过去了，而且跑得很快。你生气也没有用，谁叫你没有能力？

少怪别人，多反省自己，才是对的。曾子每天反省自己——一个人每天反省自己最有长进。

部门里出现了这样的情况，乙到底应该怎么办呢？

不抗议，不询问

作为乙，有必要想清楚的是：第一，你无法避免这种问题，所以，你不必抱怨，抱怨不能解决问题；第二，你不要去怀疑甲，因为甲不一定有什么恶意。中层干部既不可抱怨领导，也不可硬压下级，和婉的态度双方都受益。

甲可能是恶意的，是故意兜圈子，看看乙怎么办。但也有另一种可能，甲不是故意的，他真的是找了乙，乙不在，而他又很忙，没有办法等，就直接跟丙交代了，他心里想，丙应该会跟乙报告。可是丙不一定报告。问题还是在乙，乙要做到让丙愿意跟自己报告，乙就成功了。

假设乙把所有的部属叫来说："以后凡是大老板直接交办的事情要让我知道一下，不然我怎么当主管。"丙嘴上一定讲："是，是，是。"心里头还是不服气，他照样不报告。因为丙会想：

你不如直接去问大老板好了,你干吗问我呢?这是表示你吃定我了,你不敢去问大老板,吃柿子专拣软的捏,我更不服气,我就是不理你。

所以,对待中国人,用强制的手段常常没有什么作用,我们是吃软不吃硬的。

夹在中间的乙对上、对下都是很无奈的,只有一个办法可以解决这样的问题:中国式的管理跟欧美、日本的管理都不一样,硬来,两败俱伤;用和婉的态度,两边都受益。

乙可以把部属找来说:"老板比我大,他可以找我,当然可以找你们,没有错(这些话先把老板那边安稳住了,不要以为我在发牢骚,假如老板对我不利的时候,他一定会派人在旁边看看我有没有发牢骚,我要防到这一点)。以后凡是老板要你们做的事情,你们去做就是了,根本不用告诉我。因为你不告诉我,是要做的;告诉我,也是要做的。"

此时，部属们每个人心里都张开一张网：这个人怎么这样讲话呢？他们会有一种期待，希望乙给他们一些指示。

自行承接越级指示须自行负责

乙还应该接着这样说："不过，我们话讲清楚，需要我负责的，你一定要告诉我，我到时候才会负责；不需要我负责的，千万不要告诉我。"

这样做的结果是：凡是甲直接找过的，每个人都会告诉乙，因为他们不愿意负责，他们干吗要负责呢？

乙要和丙达成共识：大老板交代丙的事情，丙告诉乙的，乙都替他担待。丙做得不好，乙担待；有什么不对，乙替丙弥补。假设丙没有告诉乙，其实乙也会知道——中国人是无所不知的。但是，乙会假装不知道，让丙自己去承受。一次教训以后，所有的人遇到这种情况，都会乖乖地告诉乙。

这叫作事先防范。关键就在于要让部属看清楚来找你的好处和不来找你的坏处。

这就是乙和丙的共识。乙并不要求丙把甲找他的事情统统告诉乙——中国人不可以要求，而且不必要求。因为有些是老板的机密事情，我们不需要知道。知道太多机密，对自己是非常不利的。

这里有个笑话：大老板走楼梯踩到香蕉皮滑下来，如果你看到了，你就是天底下最倒霉的人——将来所有人看他笑，他就会想，就是这小子讲出去的。碰到这种情况，你要假装看不到，假装不知道。

所以，我们要选不爱讲话的人做司机。因为老板去哪里、干什么，他都清楚：老板今天早上找了谁，去哪里喝茶，去哪里玩……这也是我们选择老板的机要人员的第一个条件。这个道理我们要慢慢去了解、体会——开关原理：开关就是阴阳，一阴一阳之道，该关的时候关，该开的时候开。所以，我们不必要求部属告诉自己，老板找他要做什么，需要时他会告诉你的。

教训与宽容并举

还有这样一种情况：丙一开始没有给乙报告，但是后来他自己处理不了了，再来找乙。乙该怎么办？

我的答案是：乙完全不要理丙，要装作不知道。还要对他说，如果你早让我知道的话，一定不会这样的。要让丙在那里难受，让他受尽折磨。

有人会问，丙现在已经有心来找乙，表示他已经投降了，乙为什么还要这样对待他呢？因为一个人到了有难的时候才去求救，没有人会理他。中国人讲的是平时多烧香,而不是临时抱佛脚。

可是丙在受了很多折磨后,已经来找乙了,乙还不帮他,大家会不会觉得乙记仇、小肚鸡肠呢?我认为,这就叫作善门难开。有些人会经不住丙的请求,这种人叫作滥好人。滥好人是最吃亏的。我常常觉得西方人的处理方式就不一样,只要对方一道歉,大家就接受了。对有些人来说,道歉是没有用的。我们得罪了一个人,专程去给他道歉:"哎呀,那件事情对不起了。"他会怎么回答?他会说:"你讲的是什么事啊?"他装迷糊:"哎呀,这种事情我老早就忘记了,你还记在脑海里面干什么,忘掉它。"嘴上这么说,以后照样整你,跑不掉的——君子报仇三年还不晚。

所以,现在很多家长都在教小孩要学会道歉,我认为那是错的。中国人是未雨绸缪,事先都想得很周全,不留后遗症,也不需要道歉。

如果这种情况真的发生了，丙真的来找乙帮助，而乙要真的不管他的话，对其他的人会产生一种什么样的影响呢？表示的是什么呢？

对丙来说表示一种教训。如果大家也赞成乙的意见的话，那就是丙平常做人太差；如果大家觉得乙这样做对丙太残酷的话，他们会私底下来劝乙。

我国古时的将军带兵出去打仗，打败了回来，总司令会将他斩首。可是，哪里有打仗一定要胜的？他这么一斩，就看其他部将怎么做了。其他部将都认为该斩，没人求情，他就被斩了；其他部将统统跪下来求情，总司令会再衡量："好，这次看大家的面子，留你一条命。"他这样做是要留有余地。

我们做每一件事情都有用意，绝不能马虎——每一关、每一卡都有作用。你不理他，看看大家的反应怎么样。大家都在旁边看笑话，就说明丙平常为人有问题,今天自食其果,要好好反省;如果所有的人都说:"哎呀,他本来是想跟你报告的,因为你那时候实在太忙,所以他才疏忽的。其实,我们也有责任呢,因为我们也知道,应该跟你报告的。"另外一个人说:"是啊,我不知道他没有跟你报告,要不然我就跟你报告了。"你就会说:"好,既然大家都帮你忙,我这一次就帮你,不过没有下一次。"

所以,我们要做到不要让人家翻脸,因为,我们是承受不了那种后果的。

老板做事要留有余地

做任何事都要留有余地

那么,在什么情况下甲可以直接去找丙,而又不会得罪或者触怒乙呢?

我认为，甲只能偶尔做一下这种事情，目的也应该很明确：

第一，考验一下乙的反应能力。中国人都是这样的，平常多演练，遇到紧急的情况就不怕——心中有底。平常从来不演练，紧急的时候就会措手不及、束手无策。

那么，甲主要是检验乙什么方面呢？主要是检验乙的领导力够不够，能否掌握得住自己的部属。乙掌握得住，甲比较放心；掌握不住，甲就要加强管理了。

第二，故意让乙难堪。因为甲对有些事情不满意，可是又不能讲。中国人有个法则叫作"交浅不言深"——两个人交情不够，不能讲就不能讲，一讲就翻脸。

老板刚刚吃过饭，嘴巴上还有个饭粒。如果你说："老板，你嘴上有饭粒。"他有两种反应（中国人就有阴阳两种反应）：一是他很高兴，马上就把饭粒抹掉了,心里还要谢谢你提醒他,要不就难看了;二是他很不高兴,心想前几天才讲你几句,你就借故来给我出洋相啊,这关你什么事!这说明你跟他交情不够——关系不够就不能讲。

所以,我们讲话总是要看人。关系比较紧密,什么话都可以讲;关系不够硬,你怎么讲他就是不听。一切讲关系,关系到了,既可以开玩笑,有时也可以拍肩膀。我还碰到过这种情况,某人说:"老兄,我今天下午要用3万块钱,你给我想想办法。"对方说:"可以啊。"一般借钱哪有这样子的——他关系够了。"现在我自己没有,我去找人周转过来。"他不仅承接下来,还找人过来帮忙。如果你关系不够,再怎么开口,即使给他下跪也没有用。

所以,如果我是老板,对方是我的干部,我不能跟他搞得有裂痕。有一句话大家要放在脑海里面：做任何事情要考虑以后好不好见面，要留有余地。

要学会聆听言外之意

关系搞得不好，以后见面不好说话。有些话不好讲，但是有些闷在心里面的话还是要让对方知道的。

所以，甲就故意把乙摆一边，去找他的部属丙；乙还没有领悟过来，甲再把他摆在一边，再去找他的部属。这样，乙就知道这其中一定有什么问题，他就会去找老板的秘书打听出什么事了。秘书也要看乙平常对自己怎么样——对秘书不好，秘书就不会帮他去沟通，反而告诉乙"没事，不必太疑心，也不必想那么多"。乙的沟通渠道就被堵死了。

当听到别人讲风凉话的时候，乙就知道自

己很惨了。别人会对乙讲,就是那件事情,你没有办好。但他又不去帮助乙,乙自己就要想办法,去甲面前做一些补救,既不是道歉,也不是说明——说明没有用,道歉也没有用,要用实际行动让对方感觉到你的诚意。这是因为中国人不太听也不太相信人家的话,只是非常相信自己的感觉。

如果我是甲,感觉乙是为那件事情来表示歉意的,就放过他了,我会告诉他说:"其实那件事情,你办不如丙办。我给你,你比较为难,你要转达也不是,你不转达,他们没有办法办,所以我干脆不难为你了。"这些都是面子上的话,只是告诉乙,好了,没事了。如此而已。所以,我们要学会听言外之意。

承接越级指示要慎重

作为丙,如果甲越过他的上级乙直接来找他,这时候他应该怎么办?

面对这种情况,丙要考虑,自己能不能负起全部的责任。否则到了痛苦不堪的时候,没有人能挽救自己。大老板直接来找丙,丙不要太高兴。很多人就有这个毛病——忘乎所以,想办法不让乙知道,搞到最后自己承担不了责任,结果很孤立。

其实甲直接找丙,是在害丙。因为第一,让丙在乙心中留下不好的印象;第二,同事也会嫉妒,怀疑丙用了什么不正当的手段巴结大老板甲。所以,很多不按照常理去办事的,要冒很大风险。

丙要好好去想一想:为什么甲会找你,甲找你是要给你的直接上司难堪的。丙一定要向乙报告,但报告时不能说:"有一件事情,大概,我猜,大老板是有意给你难堪,所以找我。"因为讲这种话会起副作用,乙会想:"难堪就难堪嘛!甲有多大能耐,在找碴儿嘛。"丙一定要善意,要婉转,要持这种心态告诉乙:"刚才大老板是来找你的,正好你在忙,他交代我要向你报告。"这样做人人都圆满,所有人听了都很高兴。传到大老板耳朵里,他都会觉得丙这个人是好人。

即使老板没有说要告诉乙,丙也一定要这样说。因为丙这样说,老板很乐意接受,而且他会感谢你,因为你很会给他面子。假如你抱怨:"老板现在开始跟你有心结了,这种事情应该告诉你,他怎么告诉我了。"结果会如何?你可以试试看。

还有另外一种情况,丙如果觉得这件事情有关大老板的私密性,应另当别论。

小孩子要上学,很多家长就开始打听哪所

校比较好,想尽办法把小孩的户籍转到好学校所在的那个地区去。所以常常会出现这样的情况,一家里面"住"了二十几个小孩。老板的小儿子要到丙所在小区附近的学校读书,因为这所学校比较好,他就直接找到丙。丙就要想到,这种事情要张扬吗?应该张扬吗?一张扬大老板就恨死丙了。

对待平行同事的越位指示要留心

与乙平行的干部没有通过乙直接找乙的部属时,乙应该怎样做?

一般情况下,平行单位是可以沟通的,但是你要照会一下主管乙:"老兄,我有一件事情想请你帮忙。"经过他允许后,直接找丙谈就好了。

可是,如果你不照会乙,直接去找丙,而乙又很敏感的话,他就会起疑心:丙是不是对方派来卧底的（因为部门之间毕竟还是竞争状态）？丙既然是卧底的，那我就给他很多假情报，让他当双面间谍。

假定问题已经有那么严重，部属已经身在曹营心在汉，怎么办呢？乙可以和他的左右手说："哎，我想把他调到这个单位去。"这是暗示丙：既然你那么热心，干脆过去就好了嘛，以后别在我这个部门了。

对平行同事的越位指示，主管不能说不闻不问，不闻不问会助长这股歪风——任何事情有风吹草动，而你却完全不处理，就是表示你鼓励这样做，你赞成这样做。但是，也不能很凶狠地去制止，因为制止没有效果。老子讲过一句话：狂风暴雨是不长久的。风如果吹得很激烈，往往两个小时就过去了，只有那种和风才会吹一整天。自然界和社会生活都是同理，中国人讲和为贵、和气生财，就是这个道理。

其实,让丙给其他人透漏假情报的目的是警告他,不要太明显;通过左右手警告他,表示你已经知道这个情况。

人在职场,完全不怕,这是不可能的。第一个,怕丢掉工作;第二个,怕被冷落;第三个,怕挤不到部门核心里面去。这就是人在职场的心态。只要被排出核心之外,人们就受不了,而身为领导,我们就要深谙部属的"三怕"心理。

第九章

向上级报告应择时机

我们每个人每天都处在上下级的关系当中,在经意与不经意之间都在处理着这种关系,虽看似平常,但是实际上这其中还有很多的学问。我们每个人不仅是上级,而且首先是下级,要经常汇报、请示工作。向上级汇报是在职场中奋斗的每个人所经历过并且还要继续经历的事情。如何做到向上级报告时,更主动、更有效果?应该怎样表达?应该注意些什么原则呢?

尊重领导

讲到上下级,就离不开上下级关系,这是上下级之间第一重要的问题。但是目前在讨论这一问题时存在着一个误区,因此,我首先要提醒各位,中国人没有"人际关系"这种概念。西方人的著作中所说的"人际关系",在中国是行不通的。

在中国,人与人之间的关系是伦理关系。而我们所讲的人际关系是,我跟你平等——彼此平等才有人际关系。而在中国,谁跟谁都不平等。试想一下,你跟你的老板平等吗?因为讲伦理,老板没有坐下,谁敢坐下?谁先坐下,谁的前途就没有了。老板坐下后,还要有经理、主管……按次序坐下。假如你排位在最后却先坐下去,别人会笑话你,其实就是指责你。

中国社会是伦理社会,不可以没大没小。所以,我们只有伦理关系,没有人际关系。因此,我们首先要做好自我修养,对自己的老板要绝对做到礼让三分,起码要让他三分。任何人不能跟他平起平坐,也不可能和他平起平坐。这是第一个要确立的法则。

带着方案去请示

我们要确立的第二个观念是,不可以问上级问题。因为问他问题,就等于把责任推给他。"经理,这件事情要怎么做?"所有当主管的都心知肚明:你厉害,你聪明,你用请示来推卸责任,要你这种人有什么用?所以,我们拿着问题去请示,老板心里很不高兴,他一定会说:"样样事情都问我,我去问谁?我要你们这一帮人难道只是吃饭的!"

那么,是不是不管有什么问题都不能问呢?什么情况下才可以问呢?

现在做部属的遇到问题都在问,因为作为部属不能不问,你不去问,上级就认为你擅作主张。我们不能误解了这个问题。中国人永远是左右兼顾——部属问他不高兴,不问他还是不高兴。在职场中,有经验的人是身受其苦,一些搞专业技术的人,在这些问题上也往往是力不从心、无法应对。

我有几十年在职场积累的经验,我认为,遇事需要请示时先要说明:现在有一件事情,状况是这样的……然后再看主管要不要听下去。

第一种情况:他根本就不想听,表示他知道,就不用再啰唆什么,他不讲话是给你面子。

第二种情况：他完全没有反应，就表示他都知道了，你也没有必要再说下去了。

第三种情况：他会看着你，很专心地听，就表示他不知道，或者他已经知道但还想听你怎么说（这就是为什么我们强调讲话的时候要看对方的眼睛，因为你可以看出对方心里的想法）。这时，你就接着说你跟某某研讨过，结果是这样的，但是不敢决定，所以提出来请示。

这样做，主管会非常高兴，因为你有腹案。有答案不行，因为答案不是你做，而是主管给。这个原则大家要掌握——带着腹案请示上级是向上报告的重要原则。

接下来，主管一定会问："你觉得怎么样比较好？"

很显然，没有一个人喜欢伤脑筋。干部整天让老板伤脑筋，要干部干什么？设身处地想想，一个人好不容易熬到领导的位置，他是坐轿子的人。坐轿子的人在里面是要闭目养神的,坐在轿子里面还一会儿一个事儿,坐一会儿就要下来,干脆不要坐了。旁边抬轿子的要抬得让他很安心,这才叫作好干部。如果抬轿子的一直问,现在要向右拐还是向左拐,坐轿子的不停地看,当老板的就完全不像老板了。

一个人不可以不劳而获,但是一定要坐享其成。我们一生的努力就是要坐享其成,但是绝对不可以不劳而获。二者并不矛盾。你可以坐享其成,因为是你劳动很久累积的。积累这么多的经验,一有风吹草动,你根本不用动脑筋就知道如何处理,当然可以坐享其成了。部属的一动一静,你都清楚了,这样做大老板才有意思。

如果我是主管,我不允许部属空着脑袋来向我请示。空着脑袋表示你没有尽责任。你的方案怎么样,把方案给我,让我判断,可以;你空着脑袋来找我,叫我伤脑筋,免谈。每个老板都是这种想法。

所以，作为部属，一定要设身处地替老板着想。遇到问题要了解现状，然后有腹案，带着腹案去让老板做决定。

报告要分三段讲

讲话不可以一口气讲完，凡是一口气讲完的人，都是惹人厌烦的人。这样的人大家都会笑话他，他一出现，所有人都不再讲话了——怕跟他讲话。

一个人如果不能训练到3分钟内把要点说完，这个人就没有沟通能力。经常开会的人都知道，只要一个人的报告超过10分钟，所有人就都不想听了。说话简明扼要，这点非常重要。向上报告，不仅要尊重上司，还要简明扼要。

报告可以分三段。第一段说完，如果上司不

想听了,后面就不必讲了,不必浪费时间;如果上司要继续听,就说第二段;上司还要继续听,再说第三段。最后,上司会请你留下来研究,因为他感到此事重大了。

一个部属要做到让老板说"请你坐下",那他就是公司里分量最重的人;还没说完话,老板就说"去、去、去",这是最倒霉的部属。

一个部属要想做到在向上级做报告的时候完全心中有数,就要拿出自己的腹案来,在事前做大量的调研和组织工作。这才是好部属,才是能干的部属。

一个好的部属要做到既让老板不操心,又要很尊重老板,这两者缺一不可。部属让老板操心,老板就觉得部属不管用;而部属不尊重老板,老板就觉得部属功高震主,就准备把部属"干掉"。所以,当"副手"也很难。

发生分歧要调整

常常有这种情况,部属准备的解决方案与老板心目当中可能产生的方案有出入,这种情况下部属该怎么办呢?

一个会当领导的人,不会让其他人知道他心里想什么,这才是有水平的领导。"我们想到的都很有限"这句话非常重要。真正好的答案,常常是我们没有想到的那一个。我们所想到的方案基本上不能完全解决问题,这是人类思维的局限性所致。

我们常常安于现状,常常把自己的经验拿出来,常常把所见所闻总结起来,以为就是这样了,其实不是。因为内外环境变动,同样的问题,每一次都会有不同的答案。所以,你是部属,只要你胸有成竹,就会受到局限;你是老板,只要你赞成部属的想法,就会受到局限。

所以说，成为一个最高的真正决策者，不那么简单，他平时的表现基本就定案了。

在前面的论述中我们曾经说过，不是部属喜欢拍马屁，而是部属不喜欢逆老板的意——你同意就好了，反正是你又不是我负责，我干吗要操心？这才是部属的真实想法。

如果我当老板，部属讲什么，我的脸上都没有什么表情。我会进一步跟他讲："你再想想看，还有没有更好的办法。"想不出来没有关系，"回去再找别人研究一下"，就是要让所有人都去想。想到下午5点要下班了，还好，距离明天还有一点儿时间，晚上再想想。就这样，部属们晚上也不敢不想，一定不睡觉加班思考。

这就要看一个人会不会充分利用人的"资源"。换言之，人是宝藏，人是天底下最好的宝藏。一个老板要有这样的度量和能力：凡是跟着自己的人，有责任把他们的宝藏都开发出来。这才叫作会用人。

从部属的角度看,如果老板对你的方案没有表示赞成,你一定要再想。实在没有更好的办法就实话实说,这叫作尽忠竭智。什么叫作竭智?就是你的智慧统统出来了,只能想到这里。老板就会再问别人,各种意见互相碰撞就会撞出火花来,这才是最好的决策。

所以,为什么中国人能推就推,能拖就拖,只要有时间就不要早做决定?这里面是有智慧的。决定太快,后面的变数谁来负责?中国人常说"到时候再看",就是说到时候所有变数都被自己掌握了,就能够做决定了。今天晚上决定,这件事情由某人主打,大家都没事做了。晚上12点还做不完,明天你找谁主打?所以,很多人讲办事要快、快、快,我却不这样看。

也许有些人会讲,有些事情到时候再决定可能来不及。这里强调的是"到时",这个"时"

很重要，有时间能拖就拖，没有时间就当机立断。

报告要择时、择机，点到为止

报告是否是领导所需要的，是否能引起领导的重视，取决于你报告的态度、叙述方式以及报告所选择的时间、地点等一些需要审时度势的因素。

向上级报告，注意时机

老板打电话给部属："你来一下。"部属就去了，突然发现老板房间里有客人，此时部属一句话也不要讲，因为你搞不清楚，这位客人是在老板的计划之内，还是在其计划之外的。

所以，作为一个部属要安分一点儿。到了老板那里，先跟客人打声招呼，不要自我介绍（不要透漏自己的身份,因为老板还有可能叫你赶快走)。然后站在那边,如果老板让你讲话,他自然会叫你,不必急于表现。

如果老板说:"哎,你去倒杯茶来。"那你就要提高警惕:怎么会,这里有人倒茶啊?于是你一定要说:"是,是,是。"然后去倒茶,完事就先回去了。因为这是老板在暗示你赶快回去。

所以,很多人经常会误解老板。老板很辛苦,他要权衡大局,他要考虑未来,他是千变万化的。如果部属老觉得那是糟蹋人,大老远地把自己叫来倒茶,这个部属就不懂得识大体,这种人根本就不够资格当干部。所以,如果一个部属头脑不灵光的话,用他的人很痛苦——他不体会老板的苦衷。而我们宁可与很聪明的人吵架,也不愿意跟愚蠢的人讲话。这是中国人的个性。

向上级报告事情会伤害到你的同事，怎么办

常常有些部属向上级报告后坐立不安——如果老板什么时候告诉了那位同事，自己就倒霉了。

口出狂言或者祸从口出，都是自找的。可是有些事情我们又不能不报告，不报告老板会骂，但报告了却对自己最不利。

有经验的部属报告时会这样跟老板讲："这件事情，我跟某人谈的结果，他有一点意见，不过我相信他只是现在这样想，很快会改变的。"你要替对方圆一圆场，不要出卖任何同事，这是报告的一个原则。如果你出卖他，他会报仇，不会放过你的。

如果他明明不对，你又不能不报，应该怎么办呢？

我认为，要轻描淡写，点到为止。你要对老

板说:"他目前有一种想法,不过相信他很快会改过来的,目前的想法也许有他的道理。"说到这里,你还要看老板的脸色怎么样,老板是不是支持他的想法。但是,真正会当老板的,都不会表现出来——让你摸不着头脑。

你要报告到好像没有报告一样,提示到好像没有提示到一样。既尽到了做部属的责任,也没有伤害同事。即便是将来同事听到了,你也可以坦然地面对他,你又没说他不好,他改是他的事,不改也是他的事,你不必担心什么。

主动去向老板汇报需要注意什么问题

此时,最简便易行而且有效的方式是跟老板的助理打个招呼:"我现在要找老板,报告某件事情方不方便?"你要尊重他一下,听他的意见。如果他说:"你现在最好不要进去,老板正在生气。"

你一定要感谢他,这样他才会通风报信。

助理搭出的桥梁很好走,他会提醒你:"你最好不要报告,因为这件事情人家已经先说了。"那你就换一种方式报告。我们中国的领导一般有好几条线,他不会单线流动。他要放好几条线,把从各方面听来的信息做一个综合判断。

如果你更聪明一点儿,把事情委托给助理,让他看机会合适就替你报告一下。他一定会想办法替你争取。

那么,我们怎样才能确定老板的助理会尽心尽力地帮我们做事情呢?做事情要试 试。先用那种无关紧要的事情拜托他,试一下。试到很灵光的时候,表示你们关系不错了,而平常你又没有得罪过他,就可以再行托付。

中国人真是很讲关系的。你越相信他,他越尽心尽力;你越怀疑他,他越给你耍花样。可是,不能马上就相信对方。我们对上、对下也是一个道理：不能太快相信，也不能不相信。

部属不主动去找老板是对的

做部属的，不到万不得已时是不太愿意主动去找老板的，好像大家都有些畏上的情绪。

其实，我们要做到让老板找你，而不要你总去找他。怎么样才能做到让老板找你，这是学问。一个人总去找老板，烦都烦死了。他看着你问："你来干吗？"你会很难堪；如果你说自己有重要事情，他心里会想，重要事情还轮得到你吗？要做到老板非找你不可，你就有前途。天天去巴结老板，天天跟着老板走，你反而没有前途。

我们一生的前途在哪里？在开会。你想，平常大老板怎么会注意到你？他根本不会注意到你。可是开会没办法，他必须坐在那里，坐在那里没事干了,只好看每一个人,这是老板会注意到你的唯一时机,你一定要抓住机会好好表现。可是你一表现,你的顶头上司就会打击你,还是很冒险,可是你又不能不冒这个险。

一个人要把握住开会的机会,要表现到让老板对你印象很好,但是你的上级不会打击你。老板事后会找你,只要找过几次,你的上级就习惯了。一有事老板就想到你,你就变成红人了。

第十章
少向部属做指示

管理是一门具有高度智慧的艺术，是一门极为深奥的科学。

当老板的要少发脾气、少做指示，虽然这是很难的。十个老板八个坏脾气。这不仅是因为他们有权力发脾气，也因为他们的确很操心。但是，身为上司、老板的人要少发脾气，对发脾气要做"火性管理"。

事情没有到最后关头的时候，不要急于做决定，要放开让大家想出更多的不同意见，这没有坏处。养成大家多动脑筋的习惯，对老板是非常有好处的。

少做指示,要借用别人的智慧

我对老板的第一个建议是:少骂人。不是说不骂人,因为那是很难做到的。

一个老板是否有权力发脾气,这并不重要,这是个性问题——没有个性很难当成大老板。我所认识的很多大老板在我面前都很客气,都很温和,但我是不会上当的,我知道因为他已经骂够了,在我面前才会这么和气。这是平衡。凡是在外面脾气很好的,回到公司,脾气都不是很好。一般都是这个规律,所以我们要谅解他。

身为上司、老板,应少发脾气,对发脾气要做"火性管理"。老板脾气很坏,老骂干部,干部被你气死了，你的肝也硬化了，最后就同归于尽了！

想少发脾气怎么办？就要少做指示。这个是很难的，因为很多人都喜欢发布指示。但是这样真的很不好，因为你所知道的虽然很多，却也还是有限的。

东西方两位大圣人有一句共同的名言："我是无知的。"孔子一再说自己无知，苏格拉底也说："自己唯一知道的事情就是我一无所知。"我们的头脑是有局限性的，要不然为什么要借用人家的头脑呢？一个人要成功，往往要懂得借用别人的资金、借用别人的智慧。

凡是成功的人，都很少说话。老板一说话，所有人就都按照他的话去做；老板不说话，所有的人都说话，老板就有很多的选择，对自己非常有利。所以，一个经常做指示的人，就限定了自己的部属——不太会动脑筋。一个很有主见、很果断、随时有主意的人，他的部属统统脑袋空空：第一，部属想了没有用；第二，部属一想就挨骂，不说不挨骂，说的跟老板不一样就挨骂。最后，部属不再想也不再说，干脆让出整个舞台来，让老板一个人去表演——唱独角戏。

如果一家公司的人才慢慢地外流，就等于得了经营上的癌症。所以，大老板要让部属们表现，而不是自我表现。无为，其实是你很有能力才可以讲无为，没有能力的人讲什么无为，那是糊涂！

老子最高的智慧是四个字：深藏不露。中国人并不是一下子就能接受深藏不露的观点的，心里认可，但是嘴上还死不承认。有的老板问我，如果讲深藏不露，有能力同没有能力不就是一样的了？此言差矣，没有能力，谈不上深藏不露，因为没有什么好藏的；有判断力、有选择力、有声望，才有资格深藏不露。

够分量、有能力、有智慧的人，才有资格讲深藏不露。而且中国人讲深藏不露就是要露，是站在不露的立场上来露，这样才不会乱露，才不会露到让人家看笑话。所以，主观上，他一定要胸有成竹。

深藏不露的意思是在该露的时候才露，这个注解非常重要。应该露的时候你不露，人家就看不起你；不应该露的时候乱露，人家就会看笑话。有很多主管的形象在自己的部属心目当中简直是个笑话，这是他们自己的责任。

提出问题，让部属制定方案

我也当过很长时间的主管，我年轻的时候也常常被搞得焦头烂额，因为我不懂得管理的奥妙。所以，我奉劝年轻的主管，要学一学如何当主管。

人不是天生就会当主管的,像我在39岁以前根本就是稀里糊涂的,却偏偏让我当主管,把我累得半死,几乎没命了。直到39岁那一年,我才领悟到,我这样做是既糟蹋自己,也不尊重部属。所以,我就开始不给部属任何答案,不做任何指示。我也才逐渐注意到:很多人对上级的指示最多尽力而为,应付应付、敷衍敷衍。因为你越要证明老板的指示是对的,自己越累;而你的证明让老板越有信心,什么事情都要加强了,部属就累惨了。

中国人很有特点,对老板的指示应付应付,他就不会那么强有力,可是对自己的承诺会全力以赴。我们要的是部属全力以赴,而不是尽力而为。所以很多人说,部属已经尽力了,我认为这是不对的,部属尽力只证明他是敷衍敷衍、应付应付,一定要全力以赴才好。

于是,我就领悟到了:老板自己讲没有用,

部属只是听听而已，不会百分之百地相信。很少有人百分之百地按照老板的指示去做的，上有政策，下有对策。做到六七十分就够了，干吗勉强自己啊？这就是大部分人的心态。

我明白了这样一个道理：老板把自己的意见变成部属的意见，让他自己说，他一说，就是在承诺。老板还要进一步问部属："你说这样，你做得到吗？你未免理想太高了。"

部属一定会说："不会！我还可以。"

老板会继续说："你说得这么容易，我们的资源又不够，人员又有限……"

部属会说："没问题，没问题！"

而既然他承诺了，就必须全力以赴。

总而言之，部属自己说的话，他要全力以赴；老板说的话，他不过是尽力而为。当老板的要让部属去动脑筋，要将思考成果变成他的承诺。一个老板要是有魄力，大家会尊重他；可是对内他不能有魄力，对内有魄力，他就只是动了自己的脑筋，其他人都不动脑筋。

所以，人是两面的，大家要看懂，不要会错意。也就是说，老板要让部属充分发挥他们的能力，制定出一些他们愿意去做的方案来。

集众人之智

作为领导，一定要养成一个习惯：一件事情最好有几个解决方案。以前我们都认为办法是唯一的，而现在我们知道了，解决问题的方案有好几个，而且最后的方案很可能是我们没有想出来的那一个。

当老板的为什么不做决定？不是犹豫不定。他会做决定，但是他会留下更多的时间。部属把方案说出来了，不要批判他——老板一批判，人们就知道老板不赞成这个方案，然后就不朝着这个方向去做——不要放弃任何可能。

老板和部属讲话,要面无表情——没有表情大家就猜不透,就会继续讲第二个、第三个、第四个方案;统统不要点评,只讲一句话:"还有吗?"身为领导,不要否定前面的发言,也不要轻易赞成哪一个;要请没有讲话的人说看法,要动员大家,直到实在没有人再想出办法来。老板最要紧的是知道部属在想什么,而不是知道自己在想什么。

能集众人之智,才叫领导。如果大家讨论来讨论去还有不同意见,就要让大家再想想,第二天再拿到会上来讨论。

老板:"昨天我们有这么几个答案,今天还有新的吗?"

部属:"没有。"

老板:"为什么没有啊,你们昨天没有想吗?"

部属:"想了想,就这么几个。"

老板:"好,就这几个,你们再想一想,哪个比较好。"

老板一定要让这些部属们思来想去,把所有智慧都发挥出来,然后再说:"我们暂时就这样定了。"因为还有时间,你就可以拿这个去问问别人,看看还有没有什么好的想法。

老实讲,一个人总想一个问题,越想头脑越热,就越想不到解决方法。就好像你在家要找剪刀,偏偏什么都找到了,就是找不到剪刀。这是非常有趣的现象。同样的道理,我会对我的部属说:"当你想不出新方法的时候,你就不要想了,转眼你就会有灵感。"而灵感往往是最妙的点子。

把指示放在腹中

老板要把自己的指示变成大家的共同意愿——是他自己选择的,他责无旁贷。不要让干部认为是听老板的话才去做的。

如果大家提出来的方案都不可行,唯独那个可行的方案是老板自己想到的(这种情况也有可能,但是,老板也要尽量避免自己讲),老板可以跟助理讲,暗示他为什么大家没有想到这些。助理一定会向外去讲——这就是中国人,你叫他不要去讲,他一定会去讲。讲出去了就有人提出来,老板再问大家:"这样行吗?"因为不知道是谁提出的,大家就不会盲目地拥护——只要有风吹草动让大家知道是老板提的,就会盲目地拥护。

我们要了解人性的弱点。老板一表态,大家都一致赞成,这不能怪他们;如果老板一表态,大部分人都不赞成,老板就很没面子,很丢脸。其实老板也很难做。提出来的事情,大家都不赞成,老板心里就会很郁闷、很伤心;当提出来的意见大家都拥护时,老板又很着急。因为这种情况下，根本就没有民主意识——根本听不到其他的意见，自己被封闭了。

让部属多动脑筋找出最佳方案

我们反复讲，一个问题会有很多方案，有好的，也有不好的。可能你提出的这个方案是最好的，但未必这个就是正确的。

提出一个方案之后，老板要让大家分析这个方案的利弊在哪里，要虚怀若谷。你说不出所以然来，那就表示你没有好好去考虑。把每一个方案的利弊统统分析出来以后，老板大概就有基本方案了。这个方法非常科学。

所以，我们在没有决定之前，要广开言路，让所有人把意见都说出来；在决定以后，就必须很专制，谁都不许改。这才是老板。

事情没有到最后关头，希望老板不要做决

定,要多放开,让大家想出更多不同的意见。这没有坏处,因为会养成大家多动脑筋的习惯,对他们自己也是非常有好处的。当把指示变成大家共同的意愿时,大家执行起来就会责无旁贷。就好像一个家庭一样,如果都是妈妈一个人操心,妈妈就老得非常快,而小孩子又不长进。如果家里面每个人都动脑筋,大家就比较愉快。

中层干部要学会承上启下

在很多情况下,老板的指示要通过中间阶层往下传。那么,中层干部应该如何给他们的下级做指示呢?

一般人只是把老板的话直接传下去,那不叫承上启下,那叫作出卖老板。

一个生产部门过一段时间要提高单位时间的劳动成果,原本1小时做6个,现在1小时要做

7个或者8个才会产生效益。所以，老板决定放假过后，改成1小时做8个。他下了这个指示，你是生产科长，如果这样传达下去："各位，有件事情宣布。这次放长假大家好好休息休息，回来以后要抓紧时间了，因为，现在老板已经决定1小时做8个了。"必然会引来一片责骂声。

你这样做是在害老板、出卖老板，因为你说"这是老板的决定"，所以大家怨声载道，老板的脸色也会很难看。大家抱怨老板，你自己也会倒霉。如果我是老板，就不会用这种干部——连传达命令都不会。

如果我是生产科长的话，我会找一个比较资深的领班去处理这件事——所有的事情都要通过你的次一级的干部去做，这才叫领导。

生产科长会跟领班讲："我们现在1小时做几个？我都忘记了。"

领班："6个。"

生产科长："已经做到6个了，很不错了。那看有没有可能多做几个？"

领班不是皇帝，不会说绝对不可以，如果他说绝对不可以，生产科长要问问他"为什么不可以"。

领班："可以是可以，不能加太多了。"这样回答，十拿九稳。

生产科长："当然不能加太多了，加太多了，谁也不会干的，神仙都没有办法。"完全站在对方的立场，他不能抗拒。

领班："我看这样吧，最多做7个。"

生产科长眉毛皱一下，说："只能做7个吗？"

领班："我告诉你，最多做到8个，超过8个，谁也没有办法做了。"

生产科长："那当然了，多于8个谁做呢，那你说的7个有没有把握？"

领班："应该有。"

生产科长:"再盘算盘算看,有没有问题?"

领班:"没有问题。"

生产科长:"那如果做8个呢?"

领班:"稍微激励一下,用什么配套改变一下。"

生产科长:"你再想一想,做8个会不会完全做不到?"

领班:"还是可以做到的。"

生产科长:"我去跟老板建议一下,说做8个是你的意见。"

领班很高兴,因为他有功劳,然后他会给所有的人加压。有人抱怨说他没有良心,他会说:"你有没有良心,8个,我做给你看。"

老板就很愉快,因为干部会用人啊。这个原则跟老板的原则是一样的:把老板的指示变成下面主动的要求。但我们要用好好商量的办法,不可以用直接下命令的办法。

主管是否有把握领班就会这样说呢？如果做8个行得通，主管就会有把握，除非真的做不下来。领班不能接受，主管会跟老板反映，最多做7个，老板也会接受，因为你已经经过实证了。

老板最痛恨的就是：你没有去做就反对我，你对我有成见吗？你做做看，做不通再说嘛！能够设身处地，能够将心比心，你对所有的人和事就会一目了然，因为人同此心、心同此理。很多人就是太自我了。在中国社会，只要你的自我感太强，你的挫败感就会很大，所以要把自我减少。

保持紧急时发号施令的权力

在日常情况下，一个意见、一种方案可以经过反复讨论酝酿，如果出现一些突发情况，是否也可以拖一拖呢？

我们说深藏不露就是要露，就是紧急的时候

露。你平时不指示,紧急的时候一发号施令,所有的人都知道:别啰唆,事情紧急,赶快做了再说。这就很有效。如果老板平时经常发号施令,到紧急情况时就完全没有效果了。中国人都有平常与紧急的概念,分得非常清楚:只要时间许可,一定不要急于下结论,让所有人多动脑筋,这叫作在工作当中培训干部;而时间一到,大家少啰唆,这样做,非常有魄力。

人一定是两面的,软弱的时候很软弱,但因为紧急时有魄力,所以大家不会认为你软弱。当你需要有魄力的时候,因为你平常很尊重大家,大家不会认为你很霸道。你平常很霸道,所有的人见到你都"敬着你",你就变成暴君了(有的老板暴虐到看到他的人都不敢讲话的地步)。

我曾经在一家公司的会议室给员工们讲课,那间会议室密不透风,连一扇窗子都没有。我就问:"为什么设计这个会议室的时候,不开扇窗子通通风啊？"

他们说："曾老师，我们哪里还敢开窗子啊？"

我感到很奇怪："为什么呢？"

他们说："老板脾气坏啊，他会骂到我们想跳楼，幸亏没有窗子，有窗子老早就有人跳下去了。"

这是否与我们前面讲的那些原则相违背呢？一点儿也不。我一再说，当老板要有佛心，可是不能避免老板发脾气，因为要求一个人十全十美是不可能的。

老板就是脾气坏，你要认定这一点，你要想办法让他对你不发脾气，而不是要求他有修养。

第十一章
善待平行同事

"现在的社会是竞争的社会",这是西方的观念,现在在中国也很流行。我却不认同这个观点。

人类是互助的,不是竞争的。平行单位要相互配合、将心比心、互相体谅,就一定会协调。

怎样跟同级的同事相处?这其中也有一些很微妙的东西,我们要学会处理。

平行同事一般大

我认为,在上下级关系和平行关系中,处理对上的问题比较容易,因为我们多少会让他三分;对下也不难,因为他会让我们三分。有了这三分弹性,上下级就比较好相处。只有平行单位最难相处,因为大家都是一样大,谁也不怕谁;"来吧,要干什么?我怕你?"平行单位经常本位主义很严重,炮口要对外谁都知道,但是对内却打得更凶。

有的老板对我讲,他的公司是数字化管理。我觉得很可笑——只要公司是用数字化管理的,内部的人一定笑里藏刀、貌合神离。中国人不管做什么事情,都讲求"德本财末"——品德才是根本,有钱没钱、赚不赚钱则是末端。我们最讨厌那种唯利是图的人,我们最讨厌那种昧着良心、一味想赚钱的商人,所以我们说"无商不奸"。

赚了钱是大家的。在中国,把人看得很重要,现在却让同事之间竞争,那么,大家就是敌人了。而对敌人是不能够有温情的,就要拼个你死我活了。

客户打电话来抱怨(公司接到这样的电话太多了),我们经常跟相关部门反映,但是没有用——因为是数字化管理。其实,数字是很重要的,但如果你只相信数据,你的干部就会用假数据来骗你。这很简单:只要你相信什么,他就用你相信的东西骗你。

如果你认为在上班时间很认真的人就是用心工作的人,所有的人就都会认真给你看。当你发现你的部属统统都坐在那里，每个人手上都有工作，看到你假装没有看到一样时，你要知道，他们统统是在作秀。人不可能千篇一律，主管走过去，有人在嘻嘻哈哈，有人在认真，这是真的；每个人都是一本正经的，他们在骗你——凡是百分之百的东西都是骗人的，要提高警惕。

参差不齐，那才是真相。《易经》即有"无平不陂，无往不复"的说法。海水永远都是起伏不平的，但是我们把它叫作水平面，应该叫作"水不平面"，这才是真相。

将心比心，互相体谅

这种本位主义的现象在平行的部门和同级的同事之间是存在的，而每个部门基本上都存在搞本位主义的现象。

财务部门只想自己的事，不想其他的——资

金周转灵活就好，研发根本与自己无关。可是，研发不能受财务的限制，受财务的限制就不能顺利地展开研发工作了。生产部门讲生产，销售部门讲销售。营销人员多半穿西装、打领带，会带着客户到生产车间去。遇到这种场景，生产经理就不高兴了，你的钱比我们多，整天在那里喝酒、聊天，总是用客户的名义打压生产部门。于是，生产部门根本不配合，客户要求又能怎样？销售部门胳膊肘向外拐，只顾着客户，把生产部门的人当人吗？所以互相之间总是有隔阂，这是因为不懂得沟通。

营销人员一定要记住，去生产部门时把名片拿掉，套上工作服，跟生产工人一样，工人们就不会把你当异类了。如果客户批评你们的产品，你就站在生产部门的角度跟他辩解。

有时候某个产品确实有一点点问题，影响了销路，营销人员要怎么向客户解释呢？

首先要告诉客户，所有的产品在生产部门的努力之下，每天都有改进。有时候顾客的要求是很无理的，不必都去转述，要和生产部门商量改进，生产部门受到了尊重，就一定会努力改进。

中国人是这样的：你尊重他，他很讲理，很有度量；你压迫他，他就抗拒，不理你。为什么有的人经常蛮不讲理？就是因为他们没有面子。有的人一没有面子，就恼羞成怒，就蛮不讲理，就无法沟通。而这种结果都是你造成的。所以，平行单位最好是将心比心，站在对方的立场考虑问题。同事相处要善待，好处要分享，错处要担待。

有些人做事不看场合，总是当着老总的面协调事情。遇到这种情况，该怎么办呢？

甲是单位主管，乙也是单位主管。当着老总的面，甲说："张经理，你能不能帮个忙？我后天很忙，工作忙不过来，你派3个人来支援我一下吧。"

乙会说："这完全是笑话。"他不会当着老总的面说"没问题"。如果乙说"没有问题"，乙就惨了，给老总的印象是，乙的部门工作负荷不满，多3个人，老总就会把这个部门裁掉3个人。于是乙会叫苦连天。

这是甲的错，不是乙的错。合理的方式应该是这样的：

甲等到老总离开以后才跟乙讲："我很忙，我也是不得已的，我尽量不打搅你，但是你不支援3个人给我帮忙，我就要跳楼了。"

乙很干脆："我支援你3个人。"（其实中国人是非常干脆的，是天底下最好商量的人。）

事情过后，甲还会去跟老板解释，不要让老板误会乙的部门人多。甲说："这3个人平常都有很多事情干，乙实在是给我帮助，讲义气。将来我再怎么忙，只要他有难处，我晚上不睡觉会帮他。"老板会很高兴地说："啊呀，你们都是为公司,了不起。"

一定要做到皆大欢喜才叫圆满,如果是一枝独秀,所有人都会攻击你。大家都是业务人员,你的业绩很好,可以挂在他人的名下,你就永远受到大家的欢迎;如果你一枝独秀,所有的人都想把你"干掉"。

这就是平行部门间、同级同事间要将心比心、互相体谅的道理。

同级之间要照顾

在同级之间还存在一个严重的问题。比如说,公司出现了一个空缺职位,每一个人都肯定要想办法表现——得让大家看到自己优秀才能得到提升啊。

中国人讲"小时了了,大未必佳"。刚进公司的时候,升迁很快,到某一个层次,却永远没有升迁的机会了,这个人很可怜。进来的时候升得慢一点,以后快升,最后会升得很高。现实生活中,很少有那种一路上去很顺利的人。凡是在公司"坐电梯"上去的人,其实都很孤单;真正稳扎稳打地做到高层的人,是走"螺旋梯"上去的,会立于不败之地。

那么,一个人与同级的同事在一起工作的时候,要不要显得自己出色呢?

一个人要显得出色,就是会照顾别人;有能力照顾别人,说明你已经很出色了。这是两句话,也是两层不同的含义:

第一,你会照顾别人,说明你有思想、有意识,在现在流行竞争说法的环境里,能够多去顾及别人、顾及同事,你的境界就很高了——有大局观念,所以你就很出色。

第二,你有能力照顾别人,讲的是能力。同事之间做同样的事情,你不但自己可以做好,还有余力去照顾别人，说明你有能力。

有一句老话叫作"心有余而力不足"，说的是一个人有帮助别人或者做较高层次的事情的想法和愿望，但能力却达不到。而一个会照顾别人又有能力照顾别人的人，是既有较高境界又有很强能力的人。难道这不是已经很出色、很优秀了吗？你很出色，离升迁还远吗？

一个人懂得识大体、顾大局，懂得关照其他人，他就初步具备了一些做领导的品性，就具备了一些升迁的条件。

标榜自己的人叫孤芳自赏。中国人要考虑提升一个人，不是很单纯地考虑他有没有能力，主要考虑的是他有没有领导的那种习性、特质。把一个单位交给一个把它领导得乱七八糟的人，那怎么行？领导要的是什么？要的是能够得到大家的心而不是个人的满足。

另外，一个人有没有升迁的希望，是由高层

来决定的，不是由基层来决定的。高层一定按照自己的标准来选择，你的思维越靠近高层，你的机会就越多。所以，年轻人不能巴结，不能讨好，但是要顺应。如果一个人能够得到升迁的机会，一定是他有能力和同级同事相处，甚至是给同级的同事一些帮助。

要保证跟你打交道不会吃亏

同级也不一般高

常言道：老板给的好处，大家要一同分享。同样是经理，老板会特别尊重少数几位，不会一视同仁；同样是经理，老板一有事，就会想到某个人，而不是想到其他什么人；同样是经理，老板一开会，一定会问他有什么意见，而不会问其他人。

这个人实际上就是地下领袖——非组织的领袖，做到这一步其实也不难，只要有些事情你做到了，其他就很容易。

做到这一点，要看年龄、资历，要看声望。同样是各部门的主管，他们之间也有高低之分，不可能一般高，就像十指还不一般齐一样。一般来说，最后决定某件事时，老板都会问一个人，那个人是谁？财务经理。我们都有这样的经历，你讲的意见老板都很赞同，最后一问财务经理，他说，没有钱啊，这件事情就算了。

所以，你要做任何事情，要先去跟财务经理打交道，把财源找到，你才能讲话；你不考虑财源，天大的本领也没用——他一句话就把你整个儿否定了。

不让同事吃亏

另外,作为中层干部,要想跟平行的同事搞好关系,肯定是需要一些途径的,也需要有一些来由才好去做。

来由有很多。比如,只要得到奖金你就要赶快请客。西方人总是讲,奖金是我的事,干吗要请客?很显然,多数情况下,中国人的奖金根本是得不到的,如果你拿到奖金往口袋里一放,从此之后没有人理你。中国人的习惯是,你可以不请客,但是以后没有人理你,没有人帮你的忙。中国人就是这样,你没有拿到奖金,大家都帮你的忙;你一拿到奖金,大家就开始观望了,大家一冷落你,你就必须乖乖地拿出奖金请客——抓住机会联络感情,紧要关头人家才会帮你的忙。

太会算计的人在中国社会是没有什么地位的。其实不会算的人,才是真正地会算。把钱放在自己的口袋里,不如把钱放在所有同事的口袋里。这个叫作"广结善缘"——只要老板给你好处,一定要跟大家分享,不要独吞。这样做,所有的人都会拥护你。

能帮忙时尽量帮忙

老板鼓励你时,你不要真的以为是你自己努力的结果。如果你真的这样想,大家今后都不会去帮助你了。

也就是说,你的同级、同事想求得你的帮助时,你愿意帮他,也帮得很好,这是你跟同事搞好关系的一种方式。而且聪明的老板自然会知道这种情况,用不着你多说。我们常常把老板叫作我们的"头儿",其实很形象。头最要紧的就是耳目,老板耳目多得很,你一动,就有耳目告诉他了。什么时候老板放心得已经可以不在你旁边放耳目了,你就可以放心地去做事了。

我常常跟很多老板讲,你有两只眼睛,有两只耳朵,但只有一张嘴,这是告诉你要少说话;你有两只耳朵,就是要听八面的;你有两只眼睛,就是要看四方上下,不是只看一面的。这样才是对的。把耳目塞住了,这个老板就不要当了。

同事之间要善待

我们经常听到有人抱怨说,跟同事处不好关系。一般来说,导致这种问题的原因有很多,需要引起重视。

不要太计较

"为什么要帮别人?顾自己就行了。"本位

主义从哪里产生？就是主管的一句话，我听得太多了。

一个部门经理告诉所有科长：把自己的事情搞好，少管人家的闲事。这就是**本位主义**。本来各位科长都很热心地相互支援，这以后就不能去支援了，都是上边的人在搞鬼。对大家来说，公司就是公司，但是部门经理就有本位主义，而因为公司要考核他，所以是公司造成了他的本位主义。

所以，数字其实是没有人性的，我们要透过数字来管理，不可以实施数字化管理。这当中有很多奥妙，是有原则的。

得到好处要分享

假如你什么好处也没有得到，大家不会计较你；你一得到好处就要分享，大家都高兴。我们之所以老骂有钱人，是因为有钱人值得你骂。为富不仁，就是没有分一点给大家；为富而仁，所有的人都会赞美你。想想看，你舍不得那么一点点，一辈子被人骂，划得来吗？

要替各部门担待一些

某件事情做错了，老板在骂甲，乙说："其实这件事我也有错，我没有支援他。"这些话对乙没有伤害，但对甲有很多帮助。

也就是说，当别人有危难时，你不要隔岸观火，不要在旁边冷笑，你拉他一把，将来人家也会拉你一把。同样，有人摔到水沟里去，有好几个人去救他；而有人摔到水沟里去，大家都当作没有看到——无论哪一种情形，都是自己搞出来的。

要得到老板的信任

你只要得到老板的信任,所有的部门都会非常配合你。中国人聪明得很,他知道得罪你就是得罪老板,他得罪不起。你跋扈一点儿,或者小心一点儿其实都无所谓,最要紧的是,不要讨好老板,不要拍马屁,但是要做到让他赏识你,这才叫作诸葛亮。

竞争:你看有则有,你看无则无

我们前面讲到要善待自己的同事,在职场奋斗的人会问:同事之间毕竟还是存在竞争关系的,我善待他,他好了,我自己会不会受到影响呢?

对于竞争,我是这样理解的:你脑海里有竞争,现实中就有竞争;你脑海里没有竞争,现实中就没有竞争。而且,我不认为世界上有什么竞争。

人类是互助而不是竞争的,既没有竞争,也不需要竞争,竞争是自己找罪受。同业可以联合,干吗竞争?你业绩做得好,照顾一下那些不如你的,留些饭给他们吃,不要赶尽杀绝,赶尽杀绝的结果是所有的人都对付你。

做产品时,甲做一部分,把另外一部分让给乙做,乙就可以生存,就不会搞什么鬼。如果甲大小通吃,别人就会跟甲进行价格竞争,非把甲拖垮不可。

价格竞争对大厂最不利,对小厂倒无所谓。所以说,大厂就是众矢之的,一定要小心。比如说,挖人绝大部分都会从大公司挖,不会去小公司挖——大家都是看准了大公司的人才的。大公司的人才经常被挖走,也很可怜。不要以为大公司就能留住人,一个小公司成立以后,常会把大公司的经理挖去当副总。

很多人总认为我是学哲学的,其实我是学管理的。如果管理的细节搞不清楚,就不会搞什么哲学——空口说白话没有根据。以科学做基础才可以去搞哲学,不然那个哲学就是空中楼阁。但是,只懂得科学的人,抓不到根本的东西,整天在讲枝枝节节的事情。只有所有的细节我们都照顾到,才叫管理。

第十二章
指派新任务要量才适用

一家企业能否正常运转,要看它是否能不停地产生新的业务,这是一个重要的标志。

如果在一家企业当中没有增加人员,但是增加了新的任务,这个任务又一定要派下去让大家来做。在这种情况下,应该怎么去处理呢?

人员不增或少增,新的任务如何指派下去,让部属心甘情愿地领命而做?这就要考验中层干部的能力和水平了。

企业不断增加新任务

作为领导，想要知道公司的运营状态，其实很容易。

第一，人员没有增加，但是却不断地产生新的业务，企业运营很正常；

第二，人员没有增加，也没有产生新的业务——企业已经开始萎缩了；

第三，增加了新的业务，马上又要增加人——成本提高了。

很多老板没有读过什么书，企业照样运营得很好，因为他们有中国人的智慧，他们天生会当老板——看一下就知道了，不用问那么多！增加一件事情就要多一个人，还不如不增加呢。增产不增收是没有用的，因为用人是有成本的。

把一个人请进来，不但要给他提供薪酬、奖金，将来退休时还要照顾他。请来一个人干活还好，如果他不干活却总制造问题，那又何必请他呢？因为工作负荷不够的人，会成为麻烦制造者。所以，我们要么不请人，要请人就要给他足够的工作，他就不会动歪脑筋。

当老板的人要常常去看公司有没有新增加的业务，如果没有，就要问问研发单位在干什么；有了新的业务，就去问问人事部门有没有增加人，增加了什么样的人。而且，有人离职后要不要进人也不一定，我不太赞成补缺，也不赞成精减。为什么精减呢？精减有好处吗？凡是从人事成本上去打主意的人，就不能算一个好的经营者。增加新业务时，不能说完全不增加人，也不能说一定要增加人。为增加人而增加人，那是人事包袱；为降低成本而不增加人，那是虐待同事。

中层干部在接受老板指派的新任务时，是没有抗拒力的。越是基层人员，越有发脾气、拍桌子的胆量；越往上走，越没有这个胆量。一个工人拍桌子，第二天他照样来上班，没有事，老板不会计较；一个部门经理一拍桌子，第二天就不用来上班了。很多人自以为位子高了、权力大了，就无所顾忌了，其实更要小心。况且老板不会跟最基层的员工拍桌子，只会跟中层拍桌子。

所以，当一个部门经理接受老板指派的新工作回到部门后，往往非常为难，因为越往基层，业务越派不出去——这个时候大家都非常不热心。

经理："老李，你帮个忙好不好？现在又有新的业务了，想麻烦你啊。"

老李的第一种反应："我没有办法，别的都

可以商量，就这个我没办法，因为我已经累得忙不过来了。"

第二种反应是："好啊，没问题啊。不过我现在已经够忙、够辛苦了，如果你一定要增加我的工作，我会很尽力，但是做不好你不要怪我！"

还有第三种反应："没有问题，你的指示我一定照办。但是，正好拿我这份工作来交换。"拿手里做的工作跟你交换，他才会跟你承诺。

没有一个人会热心地承担新的任务，你不要奢望什么。假定有一个人不假思索地说"好"，你更要多想一想。

让下级心甘情愿地接受新任务

上级指派新的工作要有一套方法，而不是硬碰硬。硬让对方承接过去，他是不会认真干的。

增事不增人，这是部门经理经常遇到的难

题。经理接到了新的工作，他必须指派下去，而且不能让基层不情不愿地接受。对于一个要增加别人工作量的人，怎么做才能让人心甘情愿呢？一个有能力的管理者要对部属有所了解和掌握，量才适用，让部属理解你的用意和难处，主动承接新的任务。

我当经理时，老板叫我开会，我没有办法抗拒。我只要多说几句，上面就会翻脸："又不是让你做，啰唆什么？只是把工作拿回去，你就啰唆半天让我很难堪。"的确，根本不是我做，但是多说一句，老板就会继续说："我只是让你把这个拿回去让他们做，连拿回去都在抱怨，你太不识相了！"

所以，一个人做到中高层，要记住：你是没有什么抵抗力的。可是，基层人员就会硬碰硬地跟你顶撞，因为虽然他会怕老板，但是他不会怕你。老板如果下去问："你们不愿意接受新的业务吗?"大家都会说:"哪有这回事,没有这回事。"但是,经理让他们做他们就是不做!

我当经理,我会把科长找来(记住:原则上永远让次你一级的人去忙,绝对有效),对他说:"你看又增加一个工作,我推辞也没有用,可我接受就是害死你们。"

科长:"你不要这样讲,不要这样讲。"

经理:"这是事实嘛。"

科长:"不是这样的,公司总要有新业务才会增长嘛。"

经理:"你不要急,你动动脑筋,想想看到底谁做比较合适,你再去让他做。"

科长:"我知道了。"

同时,我还要提醒他注意哪些问题。

你会发现,你跟他讲道理,他抗拒;你不讲道理,他反而跟你讲道理,这就叫作"由情入理",这是可以实践的。中国哲学是活学活用的，中国人有很深层次的智慧——当主管遇到困难时，部属反过来会开导、劝慰他。

再往下设想一步，如果我当科长，我会看一看、想一想要派谁去做。

如果有意要给朱先生做，科长不会说："朱先生，你来做，我请你做。"这会造成他的抗拒心理。科长会把朱先生请来，但是不会说要交代工作给他，而是跟他发牢骚："你看看，没有增加人，新工作倒是越来越多，这怎么干啊！"

朱先生会说："科长，你不要这样想，哪一次不是这样？每一次都是这样！"

科长："老这样，我真的受不了。"

朱先生："那没有办法，那你只有接受了。"（中国人是同情弱者的，你能够让他同情，他就很愿意帮你。）

然后，科长把工作拿出来说："现在有个新的业务，你帮我想想看，给谁做比较好，我现在脑筋乱得很。"

朱先生看了半天,说:"那干脆我做算了。"

于是科长说:"你忙得过来吗?你还要做新的业务?"

朱先生:"还可以。"

科长会叮嘱他:"你千万不要太累啊!"

朱先生:"不会的。"于是,就拿去做了。

中国人是这样的,你充分尊重他,他会非常讲理。

有人会问,如果对方说要给别人做,怎么办呢?

没有什么不可以。我希望各位做事不要强制,如果想强制别人做,你还请他来商量,那你就是虚伪,你就是在耍权术。在中国,玩弄权术的人最后都倒霉。我们要记住一句话:"精于刀者,死于刀;精于枪者,死于枪;精于权谋者,死于权谋。"

我会诚心敬意让对方帮我想想给谁做。他如果说给巩小姐做,我要问他为什么,他总要讲出个道理来——

朱先生:"你不知道,你没有来以前,她就做过类似的工作,她做得非常好,很有经验,你找她做没有错。"

科长会仔细询问:"你再好好想想,是不是这样?"

朱先生:"保证没错。"

科长马上回答他:"好,好,你不要去跟她讲,我自己找她,免得为难你。"因为朱先生的建议很有道理,态度很诚恳,科长就听取了。

于是,科长就锁定巩小姐了。不必再拖沓,把巩小姐请来,把所有关于新业务的东西都藏起来,不让她看到(中国人是很精明的,一看到桌上有什么东西,马上就知道你为什么要找她,她心里就会很快地去盘算)。

科长把她找来说:"你真是了不起。"

她不明白:"我没什么了不起。"

科长进一步说道:"你看,我没有来以前,你做了一件事情,一直到现在人家都还在赞美你……"

她很高兴,科长接着会说:"哎,拜托……"她会很愉快地拿去做了。

现在很多人做事不动脑筋,一切公事公办,这是行不通的。中国人见河搭桥,见人说人话,见鬼说鬼话——有效就好。但是切记,不可以存心害人。我想这句话大家都很清楚:没有一点花样,什么都行不通;存心搞花样,所有人都不喜欢你。

用简化、合并、重组的方法调整原有工作

指派新的工作下去了,同时就会带来新的问题。一是原来的工作怎么办?二是,增加了新的工作量,要不要同时给对方一些激励?

如果增加工作就要增加钱的话,就不如请新的人来做,还多一个人可以用。所以,很多人在接受新的工作时很喜欢说"给我增加工作就得给我加钱",其实这不对,这只是站在自己的角度考虑问题。老板给你加了钱,那别人怎么办?道理是明摆着的。钱是没有感情的,一个就是一个,都给了就没了。

那么,怎么办呢?我们有以下三种方法:

第一种,简化。就是检查他手上现有的工作,能把它简化掉就简化掉。这是非常重要的方法,我们要随时随地研究现有的工作,将其简化。

第二种,合并。你也做、他也做,大家都做没有必要,把三个人的工作合并在一起,一个人做就好了。

第三种,重组。调整一下流程,确保顺畅。我们有很多方法可以减轻工作量、减少工作时间,但不影响效果,甚至提高效果。我们称之为"工业工程",它是很科学的。

如果要给我的同人一些新的工作,我会把他们找来一起研究如何简化流程。

台塑集团创办人王永庆的工作做得非常好。开会时干部向王永庆反映:"我们忙不过来,要增加人!"王永庆说:"那就增加人吧,公司还会为难你吗?这样吧,星期天我们找个地方吃饭,研究一下到底要加多少人。"于是大家拟了很多个人事计划。

那天,王永庆当主席:"各位要增加多少人今天就可以决定,不要拖到以后。"然而,三个小时会开下来,每个单位都裁掉一两个人。他跟大家讲理:"要增加可以,但必须讲出道理,要合理才可以增加。"最后的结论是:根本就不需要增加人,反而可以裁掉几个。

王永庆在一餐饭之后,把加人变成了减人,听起来很神奇,但方法很简单,就是简化、合并、重组,用新的方法来代替。而且他在吃饭之前,肯定自己心里已经打好算盘了。

生活中有很多类似的事例对我们是很有启发的。器皿中装满了东西,你稍微晃动一下,器皿里面的东西就下去了,好像减少了一样;你再将其装满,又晃动一下,它又下去了。总之,我们有太多这种"动一动"的事情要做。所以,一个人一定要常常动脑筋,脑筋不动是会生锈的。

指派新工作要量才适用

把什么样的任务指派给什么人、在什么时候指派给他,大有讲究。我认为,一定要"量才适用"才好。一个人本来只能挑50公斤,你却让他挑55公斤,他真的做不了。把员工累病了,影响业务开展,又不能在他体质衰弱的时候把他辞掉(你也不会这么没良心),老板会非常倒霉。

保障员工和干部的健康也是老板的职责。为什么有时候要叫大家放松一下,有时候要带着他们出去走一走,是有道理的。员工出去郊游是一种福利,但也不完全是,其实还是为公司好。因为人被绑得太紧以后就很疲惫了,让他松一松,就又恢复弹性了,这个弹性是非常重要的。员工的健康、干部的心理平衡,统统要纳入到管理的范围之内。

公司要做什么?老板又要做什么?我认为就

是要让每一个人都准备好，能够接受新的任务。

指派新任务由主管控制

在经理把新的任务指派给部属时，每一个员工对新任务的接受程度不同，有的人比较容易接受，有的人却总是抵触。在这种情况下，有没有可能那个比较软弱的人会承担得更多？

我认为，此事基本上是主管在选择、控制，而不是员工在争取或抵触。

我们不鼓励员工争取新的任务。因为他不了解，一个人仅有热心是没有用的，重要的是要有担当的能力，承担得起，主管才会把工作交给他。所以，主控权永远在主管手中，一定要想方设法把指派新任务这件事做到对方心甘情愿。而且，考察一个主管有没有能力，就是看他了不了解自己的部属，会不会合理地指派工作。

适当少派好差事给不接受指派者

人是千差万别的。有的部属比较强硬,一派任务给他,他就挡回去;有的比较柔软,派任务给他,他就接受。遇到这种情况,主管该怎么办呢?

这种现象是存在的,但是没有关系。他跟你强硬,将来有出差的机会就不派他去(出差到底是好事情还是坏事情,说不清楚。大家都说出差很辛苦,但是都抢着出差)。所以,对付捣蛋的人,第一,不让他出差;第二,有加班机会不给他;第三,升迁以后把他压倒。看谁厉害!如果主管管不好自己的部属,那你还当什么主管?部属为什么会让你三分?就是因为他会考虑到上面这些因素。

当部属太强硬时,主管就要考虑到他是否另有企图。他也许是在借题发挥,不是真的很强硬:

你平常看不起我，现在到紧要关头要我帮你忙，甭想！他只是在表达这个意愿而已。部属不接受你新指派的任务，有可能是他心里有怨气，你就要先化解这个怨气，然后再来指派任务，这么做比较合理。

第十三章
实施走动式管理确保如期完成任务

指派新任务后,还有部属是否能如期完成的问题。从原则上讲,认领任务,不但要完成,而且要如期完成。我们每一个人做任何事情一定要有一张时间表,没有时间表的计划都是空谈。

怎样督促部属完成任务?怎样检查部属任务完成的状态?如果不能如期完成,又该怎么办呢?

如期完成任务

部属认领任务一定要如期完成。我们强调如期完成,是因为时间是我们完成任务的重要内容。

采购原材料时一定要有时间条件,就是供货方一定要将货物如期送达采购者指定的地点。这是签订供货合同的条款之一,如果不能按期到达,供货方是要承担赔偿责任的,而企业最大的损失就是停工待料。

可见,如期、准时地供应材料是签订供货合同必需的条件。所以,我们在安排生产计划时,会把时间安排出来——任何任务必须要有一个预期完成的时间。

我们希望每一个人做任何事情、任何计划一定要有时间表,没有时间表的计划都是空谈。我们要求部属做一件事情时一定要问他:什么时候会做完?什么时候可以做好?部属告知你以后,你还要再问问他:"你有把握吗?"

不要等到最后才发现不能兑现

到最后才发现,主管有责任

我们要求部属完成任务,而且要如期完成。那么,怎么执行才能保证大家如期完成任务呢?

有时会出现这种情况:一切都说得好好的,最后却不能兑现。对此,主管和部属都有责任。主管怎么可以等到最后一分钟才验收?主管对完成任务有监督、考察、跟踪、催办的责任,不能完不成任务就骂部属没有信用、耽误大家的事情，这是不应该的。

对此，作为主管一定是有责任的。我们一直在讲，部属做不好，主管有责任；主管做不好，部属也有责任。作为部属，要去想主管最担心自己的是什么；主管也要清楚地知道，在完成任务的过程中，对部属最担心的是什么。

部属完不成工作，有不能、不为的情况。如果说部属没有能力完成，一定要告诉主管，然后请别人做；企业内部没有人做，主管、经理可以外包。主管也不用怕部属不肯做，有的是解决办法。主管可以到外面去，占用一部分时间，用专案方式解决专业问题，这样，社会上的人才、技术就为企业所用了。

对于部属不能按时完成任务的问题，过去我们一直有一种误解，总是怕他做不好、怕他不会做、怕他如何如何，说到底，是怕他把完成任务的计划时间耽误了。部属应尽早告诉主管不能如期完成任务,主管有的是办法;拖到最后一分钟才告之,主管一点儿回旋的余地都没有。技术可以买,买不到可以学;资金可以借,借不到还可以用以股抵债的方式,比如说,你投资或借钱给企业,企业将来给你分股。只有时间,它是永远不回头的。古往今来,一切经验都告诉我们:耽误什么其实都可以不在乎,唯有时间,我们耽误不起,耽误时间是最不好的事情,因为没有人能让时间倒流。

实施"走动式管理",不会发生意外

如果你的部属拖到最后才告诉你:"没办法如期完成任务,我已经尽力了。"作为主管,你应该反省自己:平时自己在干什么?为什么没有及早察觉?

企业内部应该是一种动态的而且是互动的状态。当主管将工作指派下去后,一定要求部属不定期地向自己汇报;主管也不能坐在那里坐享其成,要"跑来跑去":跑到这儿,就是要这个部属汇报;跑到那儿,就是要那个部属汇报,他不汇报你就问他。这样你就掌握了任务的进度,最后一分钟才报告无法完成的事情才不会发生。

这种管理方式叫作"走动式管理"。主管的责任就是要跟踪、催办。而部属一般也不愿意主管跟催,因为大家都有共同的心态,最怕老板一天到晚催啊、逼啊。如果部属自己主动向主管报告,自然主管就不会再去跟催。

老板需要了解情况,希望部属能直接向他汇报,但是很多部属不懂得领导的这个心态。见到老板,部属要抓住机会向他报告。抓住机会,就是要让老板放心。当然,这也就是部属应该做的事情。

这样一来一往互动,实行"走动式管理",就会保证如期完成任务。所以,正确的解决方式应该是这样的:部属发现不能按计划如期完成任务,一定要及早报告给主管;主管也要实施"走动式管理",及时督导。

要及早想办法解决进度问题

做计划要安排时间,指的就是完成任务的进度。如果按照正常的程序或者到了某个时间,任务应该完成到某种程度了却没有完成,此时,作为主管要采取什么措施呢?

按照工期,某企业大约180天可以完成一项建筑工程,但偏偏天天下雨,怎么办?我们从一开始做计划时就要写明:180天指的是工作日,而不是自然天数。因为会有很多意外情况发生。

我常常觉得,有决心要完成任务,天下无难

事；如果没有决心，一拖再拖，就把事情拖黄了。事情的成败往往在于人有无决心和决心的大小。事情进展不顺利，要想办法解决，想不想得到办法，往往看人的决心。

另外一个造成大家不能按时完成任务的通病就是：我们常常会找很多理由为自己推脱责任。许多人是"理由专家"，这是不好的。我们在管理上是毫无理由可言的——完全不能接受任何理由。对于主管来讲，也要拒绝各种理由。

因为你一个人不完成任务，后续生产就做不下去。企业都有生产线，一个人没有做好，这个产品就是残次品；一个人没有做好，全体劳动者的功劳都被破坏了，大家都白做事了。

这些基本观念务必要向全体员工讲清楚，要求大家头脑里树立起这些基本观念，就不会耽误时间。

所以，对于主管来说，就要掌握生产进度、

工程进度，随时随地发现问题，并想办法及时补救。把每件事都当作自己人生中的一件大事来做，没有不成功的。

因人而异，一切都在控制之中

管理就是了解每个人的状况

我们在前面讲过的许多原则在管理过程中是一以贯之的。

作为主管，你必须了解你的部属：这个人平常是没有信用的，那个人是一个星期就当10天的。你一定要了解每个人的状况，对不同的人采用不同的管理方式。

例如，某件事情明明是要20天完成的，你就要跟拖沓的人讲10天就要完成，剩下的时间就是给他推、拖、拉的。他10天后没做完很着急，而你会稳如泰山:这一切都在你的预料之中。

再比如,开大会时,有一个人迟到了20分钟,老总气得要命,批评他:"你从来不准时!今天这么重要的会议你迟到了20分钟,前面讲的工作你一概都不知道!"然后,再过10分钟又有一个人溜进来,迟到30分钟,比前一个更严重,可是老总连看都不看他一眼,也不骂他。

有人就问老总:"老总,你不公平,前面那个人迟到了20分钟,你当众骂他让他难堪;后面那个人整整迟到30分钟,你却无动于衷,这算什么?"他说:"我跟你讲,前面那个人从来不迟到,我怕他从现在起养成坏习惯,所以非骂他不可;后面那个家伙向来都是迟到50分钟的,今天迟到30分钟算不错的,我还骂他干吗?"

这才是中国人的思维方式:不公平才是真正的公平。所有的公平都是表面上的公平——对每个人有不同的看法,这才是公平的。

管理要因人而异

所谓"管理",就是一切都在控制之中,控制是非常重要的。在中国就只能讲适合于中国的话:了解每个人,因人而异。

我们对张三这样说,对李四那样说,这只是因人而异的一种方法,这叫作有阴有阳。西方人不能体会这些,他们会认为那是人格分裂。

还是上面的例子。如果我们分别对3个人说要10天完成任务,但他们完成任务的天数不同,有的人10天、有的人15天、有的人20天才完成,对20天才完成的人,我们也可能是接受的。因为我们实际上打出了提前量。那么,其他的人会不会认为,老板说10天完成任务也可以拖到20天完成呢?

中国人天生都是很聪明的人,只是有些人后天没有去动脑筋而已,埋没了潜力。老板对不同的人讲不同的话、用不同的策略，他是真真假假、虚虚实实，但他瞒不了干部。

甲、乙、丙三个人有不同的个性。我们交给甲 10 天的工作，他 20 天才能完成，主管可不可以进一步要求他必须 10 天完成？如果 10 天完不成的话，主管可不可以采取惩罚的方法？

我们不提倡这种态度和方法。人不是机器，你罚他没有用，强迫他更没有用。中国有句名言话：孔子弟子三千，圣贤七十二。意思是说，孔子教了三千子弟，也不过教出七十二个贤人来。有造就的人必须是可以被造就的；不可造就的人，你用什么方法都无用。我们现在往往有一种错误的观点：用一套制度就可以把所有的人都变成一样的人。事实上，这早已经被证明是不可能的。教育有其功能，但是教育绝对不是万能的。

管理的原则:"无人不可用"

有的主管会问,就像这样每次指派新工作都要另外交代、都要打上一个对折的人,也可以长期地使用吗?

我认为可以用。我们一直在讲要因人而异、因材施教、量才适用。人是不一样的,但是只要采用正确的方法,一定能够引导他按时完成任务。胡雪岩之所以把他的事业做得很大,就是因为他有一套用人的办法——"无人不可用"。现今,我们还要教部属要如何做。其实,在胡雪岩看来部属根本不用教,只要用,就能把他用得很好。如果用人要挑剔,你就"无人可用"。很多老板都觉得在自己的企业中"无人可用",没有人给他做事,他怎么能发达呢?

在这里举胡雪岩的例子,讲的是两个道理:

第一,"无人不可用""天生我材必有用。"

每个人都各有所长，要用人之长，这是用人之人的水平。第二，要造就有用之人，要出精品。

对教师而言，用人的人要给弟子传真经，效仿孔子弟子三千、圣贤七十二，教出的弟子有一个成才就行。对出产品的人来讲，就是要出精品，要有精品意识，东西不在多，而在有用。只有这样，社会才能慢慢积累起财富，否则就是巨大的浪费。

要有补救方案才妥当

如果发生不能按时完成任务的情况，而且主管也确定这件事情不能按时完成，我们应该持什么态度？这种状况时有发生，此时大家应该想办法补救。

"神仙来都没有办法"，这是一种无所作为的态度——怎么会没有办法呢？

乘飞机的客人到达目的地，取行李时，发现行李不见了，怎么办？航空公司的人说"你明天来拿"是不对的。

我坐过很多次飞机，有两次不见了行李，我一点不急，为什么？因为我可以告诉航空公司的人，我乘坐的飞机是从哪里来的，然后他先给我一个包，里面有洗漱用具、换洗衣服等，并说第二天一定把行李送到我指定的地点。问题自然解决了。

航空公司解决问题有自己的办法，不能仅仅说"抱歉"。抱歉有什么用？要有解决实际问题的办法。

如果不能如期完成任务，事情会牵扯到客户，作为主管该如何处理？是跟完不成任务的人拼命，还是告诉你的客户，这件事情我有可能完成不了？

我的答案是：一定要把真实情况告诉客户，

而且两边同时处理。

我曾经碰到过这样的事情。我们准备在项目场地开大会,请帖都发出去了。可是,到开会的前一天,负责项目的工地主任告诉我工期拖延了,他实在没有办法。我问他:"你一路做得很顺,怎么到最后这几天慢下来了?"他说:"我没有办法了。"我对他说:"我有办法,我现在征求你同意来采用这个办法。"

我真的有办法,而且果然奏效。

我到工地,跟工地主任讲:"我们俩唱一出戏,今天晚上就完成进度,你不跟我唱戏绝对完不成。"他说:"好啊,只要能按时完成工程进度就行。"方法其实很简单,就是我当着工人的面臭骂他:"你这个家伙想害死多少人?我问你能不能如期完成,你说可以,我们才放心地把请帖发出去。明天所有贵宾都来了,我们以后怎么做人?还有什么信誉?这不是我的事,了不起给他们难看而已啊!但是我会告诉他们,你是工地负责人,你要负责任。"我骂完,他说:"我没有办法,我当初估计是可以完成的,现在的确有困难。"我接着骂他:"我告诉你,你今天晚上完不了,我跟你没完!"骂完后我就走了。接着,我赶快送一大堆啤酒到工地上,工人一边喝啤酒一边加班干活,一个晚上所有的事情都完成了。

使用其他的方法,工人要不动还是不动;使用这种方法,就把他们的潜力整个激发出来了。但是一定还要有啤酒辅助,没有啤酒,光骂是不行的。

这个项目延时的问题顺利解决了。但是,万一真的完不成怎么办?要不要做一个预案以防万一呢?当然要。

学校的毕业典礼会场可以设在运动场上,也可以设在礼堂里。一切都准备好了,气象预报也说没有问题,所以选择运动场作为会场,因为运动场气氛热闹。但是,当天早上却风雨交加。作为校长,你怎么办?这个时候你不能再让大家想想看,因为时间不允许了,这个时候就要拿出你的魄力:"再大的雨,就在运动场开,给来宾搭帐篷,我们淋雨,表示我们学校的精神。"可以。"第二个方案,每班派代表在礼堂开会;第三个方案,照样在运动场上集合,礼堂也布置好,实在不行马上进礼堂。"这些方案都可以。遇到特殊情况,其实一般有好多解决问题的方法可以使用,没有绝对的对和错之分。

绝不能降低质量

还有一种情况是质量和时间的关系问题。比如,某件事情有可能要延期,如果不延期的话会影响质量。这个时候你要告诉客户,让他稍等一等,即使有可能会丢掉这份合同,也要保证质量;还有一种方法是告诉客户,可以按期完成,但是质量可能会受到影响。

处理这种问题,企业是要看情况的。比如说人家要结婚,婚房是你承包的,你能拖吗?如果不伤大节,凑合可不可以呢?我认为是不可以的。你给人家的质量不好,就因为着急赶,人家就要吃这个亏吗?

一个负责任的企业主管应该这样做:现在交工是不耽误对方的事,一定要负责到时候收回,把高质量、货真价实的东西给对方。这就可以既保证时间,又保证了质量。因为对于客户而言,最终实现的是时间和质量的双重保障。

第十四章
如何处理部属的错误

人非圣贤，孰能无过。部属犯错是常见的事情，怎么把它处理好，考验的是老板和主管的水平。在部属出现错误或者失误的情况下，作为上级应该如何去处理呢？

作为高层管理人员来说，管理是三分做事，七分做人。一个好的老板，一个有良心、负责任的老板，对部属的错误是不能放过的，但是要讲究处理的方式，要有策略。

预防为先

帮助部属发现错误

一个年轻的部属跟随老板,是把一生最宝贵的青春交给老板,当老板的不可以耽误人家。

对于一个年轻员工来说,一个好的老板比老师还重要。老板有责任帮助部属发现错误,否则就是没有良心。但是要讲究方法,老板要想办法,让自己的部属不但知道错误,而且会改过,这才是好老板。

一个负责任的好老板,要预防部属犯错误

老板要教导部属:做任何事情,事先要有充分准备。

举例而言。一个小孩子第二天要去远足,或者是要到学校上课,到早上他往往会哭,为什么?因为他着急呀。这个东西找不到,那个东西也找不到。你骂他没用,不解决问题。做父母的就要事先告诉他:"今天晚上睡觉之前,想一想明天要做什么,把所有要用的东西摆在一起,因为明天一早起来时间很匆忙,忙中一定会出错。你事先收拾好了,再检查一遍,没有问题了,才可以去睡觉。"第二天一早,小孩子一收拾就走了。

预防部属犯错方法一:事先充分准备。

道理讲明白了,还要帮他养成习惯。部属要养成事先充分准备的习惯,不能说到时间下班就

走,那是不负责任的。下班前要把明天要做的事情整理好,这才是负责的人。一下班就走了,第二天一来,什么都找不到,半天已经过去了。我们之所以没有效率,就是没有按照老祖宗的方法去做:今天要为明天做准备,任何事情充分准备还要再检查,有了把握才可以休息,否则不行。

预防部属犯错方法二:要有预测能力。

老板对部属完成事情的能力,要事先有所判断,并且对他的未来也要有所判断,帮助他建立自我发展的信心。对于未来,每个人都会有所希望与追求,也就会好好做。

为什么我们常说一些人少年老成?因为他知道自己要为自己的未来负责。让自己的部属看得到未来,他一定好好做,他不敢害自己,不敢破坏自己的前途——一个人可能会害任何人,但他是不会害自己的。我们把为部属设想未来并告诉他,他自然就会约束自己、少犯错误,这就叫作防患于未然。

派人实地检查部属的工作

老板在管理自己的部属时,如何才能发现部属可能要犯错误呢?

比如说一个部属要代表企业投标,他会带标书、带样品。如果我是老板,我不会像一般老板那样问部属:"你那个标书准备好了没有?"因为他一定会说"好了",结果很可能会出错。应该说,那是老板的错误。写稿子的人都知道,自己写的文章自己看几百遍,里面有错字也看不出来,所以,要请另外一个人校对——不是他写的,容易校对出错误。

如果我当老板,派甲出去投标,我会对他说:"辛苦,辛苦,过来喝杯茶。"我把甲调开,再吩咐乙去检查。如果乙一检查,告诉我:"标书写错了。"我绝对不会怪甲，我会问他："标书是你自己写的吗？"他说是他自己写的。我就会说："那你可能太忙了，去检查一下，好像有错误。"

我为什么要叫别人去看而不是自己去问呢？因为我问他答，我们都是在空口说白话，那是在应付，不是在真正做事。所以，很多事情都是自己搞错的，不要怪别人。

也许有人会问：为什么需要让第三者去看，而且还不让对方知道呢？有这么复杂吗？

部属自己做的，他怎么看都是对的。没有一个人存心做错事。换一个人去看，旁观者清。如同下象棋，棋手总是搞不清楚对方的车在哪里，快被吃掉了都不知道。支着儿的人比下棋的人高明吗？不是。显然，轮到支着儿的人下棋时他也糊涂了。

指出部属错误要有策略

不能直接告诉部属哪里有错,这是很重要的。你一直接讲,就叫撕破脸,中国人是不能撕破脸的。比如你说:"你标书写错了,你怎么可以这样?"他会说:"错了就错了,能怎么办呢?"因为他已经没有面子了,他就干脆不要面子了。这么一来,你反而被动了。也就是说,你指出对方一个错误,还一定要让他有面子,他才会接受。

管理者不懂得爱护部属的脸面,一讲明白就是撕破脸——你只要说对方有错,他马上站起来:"我承认有错,我不可能没有错。难道你就没有错吗?我都不忍心说你,你还说我呢!"结果双方都很难堪。

我们一般认为,出了问题,相关人员多少都会有一点错。比如李四会说:"今天事情为什么不能完成？是因为张三计划不准确啊，他如果计划很准确我会完不成吗？他这里算出来3天，我已经搞了4天了还没办法做完。"——李四没做好，张三也会受影响。

要一个中国人从心里服你，不是那么简单的，他脑筋很快，随时可以找借口，弄得你毫无办法。所以，你要指出他的错误，一定要按照我们说的方法，不要怕麻烦。

如果公司的打字员打错字，你敢不敢告诉她？你告诉她没有用啊。你说："你怎么老打错字呢？"她嘴上讲"不好意思，不好意思"，但是心里会想，你来打打看，看谁错得多。对我而言，我老眼昏花去跟她一起打，当然我的错多，于是她会更加不服气。所以，我不会犯这样的低级错误。

我一定要告诉她，但我会很有策略地讲："你有没有听到大家都在赞美你很会穿衣服啊？但是，人家也在批评你老打错字，我看只错五六个字而已，可是人家讲得很难听啊！"我讲是别人说的，她就很容易接受；我讲是我说的，她压力很大，就会抗拒。而且我先赞美她，然后再批评她，最后再赞美她，这个叫作"三明治法"。于是她就接受了——我让她有面子，她就会接受。

有人问，如果她不接受怎么办？因为现在的年轻人完全不懂得措辞、策略这些道理。那我也还是有办法的。

我说："人家说你打错字，讲得很难听啊。"

她马上问我："谁说的？谁说的？"

我说："你不要问谁说的，你不要打错就好了嘛。"

她说："不行，你一定要告诉我谁说的。"

我说："好，我现在就告诉你是我说的。"

她说："是你说的，你就说是你说的，干吗说别人说的呢？"

我说:"好,你想知道原因,我告诉你:因为你还年轻,完全不懂道理,我说别人说的是给你面子。我不是撒谎,跟你撒谎没用,我干吗跟你撒谎?我只是不忍心让你受不了,所以我才措辞说是别人说的。现在你连面子都不要,那太方便了,我们不要在这里说了,我们出去说给所有人听。"

她马上跟我求情:"不要,不要。"

我告诉她:"以后我说是别人说的,就是我说的,你听清楚没有?"

她说:"我懂了。"

我要教给她这些道理。这种讲策略的方法才是我们中国人应该有的方法。如果一件事情做得没有效,你就不要做,因为那是徒劳无功的——就好比你直接指出她的错误一样。

初犯不罚,再犯不赦

一个人犯了错误,旁人要给他留点面子。一个人第一次犯错误,你没有放过他,太残忍了;但再犯第二次,就不可饶恕。

如果你不允许一个人犯错,他就不敢做事情了。很多人就是怕有过失才不敢做事。因为不做,就不会错了。有人一直批评中国人的一种观点:不做不错,少做少错,多做多错。

我们要让他敢做。第一次他错了,只要是无心的错,当老板的不要骂他;但如果他有意识地犯法,那就没办法了。要将错误性质分得清楚、明白才好。

我当主管时对我的部属讲:"在法律面前人人平等,我维护不了你,你要自己负责。只要你不违法,有什么错误,你尽量去避免,实在避免不了,你跟我坦白,我就保护你,这是我的责任。"事先要把原则定出来，处理问题就简单明了了。

重在教育过程

初犯不罚，目的是让初犯者接受教训，给他再次做事的机会。怎样才能让他接受足够的教训，下次不再犯相同的错误呢？这取决于你的教育过程，就管理而言，过程很重要。

如果你是主管，上班时你的两位部属跑出去打电动玩具，你怎么办？

明明是上班时间，他们两个出去打电动玩具，你不管，你的老板就不能放过你：你当什么主管？连你的部属出去打电动玩具都不管，不是要天下大乱吗？所以，绝对不能不管。

如果我就是那两位的主管，会这样做。其实，我根本管不了他们，在公司里我是主管，出了公司我就不是主管,他们两个人合起来欺负我,我能有什么办法?所以,我不能去找他们,但也不能不管他们。我想找一个人去把他们叫回来,没有人愿意去,大家心里想,你当主管都不敢去,我们去挨打啊?他们真的揍我怎么办?所以,我只好自己去了。我的想法是最好不去,去冒险干什么?可是,作为主管有这个责任,非去不可。

但是,去了那边我就假装没有看到他们,而让他们两个看到我,然后我就走了。他们两个一定说:"奇怪啊,主管怎么会来这里?一定有人打小报告。"就开始骂打小报告的人,然后他们两个就回来告诉我:"我们两个没有去打电动玩具。"我说:"没有就好啊,告诉我干什么,这不是此地无银三百两吗?"他们说:"我们两个是刚才来上班的时候,觉得精神萎靡不振,所以出去动两下先精神精神,回来就工作。"我说:"太好了，工作就好了。"

我不会处理他们，但是我也不会放过他们，不然还怎么管理其他人？

他们两个去工作，我就慢慢走到老板的房间去。之所以如此，就是要让他们两个看到我到老板房间去。我们先谈其他事，谈完，我就告诉老板："我有两个部属上班跑出去打电动玩具，现在已经回来了。"老板不吭气也不表态，他就要看我怎么办。我说："这个风气不可长，我要给他们记大过，但要老板你做人情放过他们。"老板一听就懂了。

我回去找他们两个说："刚才我去看老板，我去打听打听，老板知不知道你们两个跑出去的事情，如果只有我知道的话，就算了。大家都是老同事，我干吗找你们麻烦，没有想到老板知道。"我就反问他们怎么办，把这个难题抛给他们，他们说："既然老板知道了，你就处罚吧。"

我说:"那不行,我们这么多年老同事,你们平常帮我这么多忙,我翻脸就处罚那怎么行?"他们说:"不行啊,你有你的立场嘛!"我说:"那这样好了,然后看看老板怎么处理?"他们说:"没有问题。"

于是老板就把他们两位叫去:"你们早上去干什么了?"他们就开始骂主管:"平常他虐待我们,其实我们只是出去透下新鲜空气,就被抓回去了。"老板就告诉他们:"你们两个真是看错你们的主管了,要知道你们的主管为这件事情,到我这里跑了两三趟,都是在求情的,你们这样没有良心,太糟糕了。"

这是教育的过程啊,非常重要!不是欺骗来欺骗去。

他们两个也很机警,说:"我们毕竟是违反规定了,我们服从处罚。"老板说:"没有关系,人不是圣贤,你们又不是故意跑出去的,你们的主管也替你们求情,他的报告只是要给你们记过,但是我看现在也不必了。你们两个在这里签一下名,从此不犯,我们就不管了;如果犯第二次,一起处罚,怎么样?"处理完了,三方都很圆满。他们以后再去打游戏,两罪并罚。

整个过程我是给他们以充分的教育,让他们充分认识到错误的严重性。所以,教育要有一套方法,如果没有方法,就不是教育。

如果只是等他们回来后给他们记过,这样做没有效果。有些人为什么会屡劝不改?这是教育没有方法。学生始终不听老师的话,就是因为老师用这套——硬来,这种方法就行不通。企业管理也是同样的道理。

管理干部重在做人，教育员工要诚心诚意

有人会说，像上文说的那样做会占用很多的时间，把自己纠缠其中脱不开身。一件简单的事情，处理起来都要反复好几次，的确很麻烦。但是我们要问，主管平时在做什么？主管平时根本没有事，他的事情就是管理。越是高层越没有事，如果越是高层越忙，就表示他管理不当。

高层要花70%~80%的时间来做人，维持20%~30%的时间来做事；基层花70%~80%的时间在做事，不能花很多的精力去做人；中层干部花50%~60%的时间做事，40%~50%的时间做人。

但是，用这种不伤和气的办法，能够确保让犯错误的人真的记住教训吗？

我们大家都有教育孩子的经验，小孩子犯错

误不是一打他就不犯了。孩子不能打，要用爱的教育。你越打，他越皮，他在你面前很乖，出去就不一样了——这是你打出来的，是你教育不成功。

前文事例中的员工虽然没有被记过，但这个教训他们会牢牢记住的。教育员工的整个过程要让他铭刻在心。最后，要让他知道你是好意，你不是故意要他。干部是诚心诚意想帮助他改正这个过错，出发点是很真诚的。

第十五章
做事是否合理的判断准则

我们一再强调,做事情要合乎情、理、法,有关情的内容前面已经讨论了很多,这一章主要讨论做事要合理。

做事情要合理,这是大家的共识,但是合理的标准是什么呢?人们常说:公理自在人心,天理自在人心。那么,怎么样做事才是合理的?合理与否该怎样判断呢?另外,懂得了合理与不合理的标准,还要会灵活掌握。

人性喜欢合理，但合理与否很难讲

首先，我们来解释以下三句话：

第一句话：理不易明，道理不容易讲清楚。

为什么中国人碰到问题，总是说很难讲呢？因为原本就没有一件事情可以讲得清楚。很多人相信真理越辩越明，但我认为，这是不可能的事情。很多事情，很多时候，说到差不多就不能再说了，再说下去就越说越糊涂。事实上，只要一个人想把事情弄清楚，他就会很迷糊。这是由于我们处在非常负责的一个生态环境——牵一发而动全身。

中国社会以理为主，而理本身是永远讲不清

楚的。法是相对稳定的，在相当长一段时间内不会变，除非修法，除非改变，否则法就是不变的；而理是变动的，是可以随着外界变化而变动的。所以，人们总是觉得中国人一会儿这样、一会儿那样，完全没有原则。

第二句话：测不准。

很多事情往往难以看透，也就测不准了。就像天气预报一样，讲昨天的天气百分之百准确，讲明天的天气，就很难准。预报说出太阳，老天偏下雨。因为老天不听人的，所以才会测不准。

老板在做决策、评估未来的变化时，所依据和预测的数据往往都很准确，但是到最后就不准了，因为情况变化了。

第三句话：妙不可言。

真理是妙不可言的。不可言传就是不可言传，因为语言文字本身就是很大的障碍——文字本身有歧义，或所包含的信息量很大，而且每个人的理解并不完全相同。一件事情不说，大家心里有数，一说出来就已经变味了。

中国的哲学、文化发展到现在，没有一本书能够把真理讲得清清楚楚，也没有一个人把真理说得明明白白。老子说："道可道，非常道。"意思是，能够说出来的道理就不是常道，是非常道。所以，学习人性管理，不可以照搬书本，那样会出问题。

我们在这里讲的是一般性的、普遍性的管理哲学和方法，而每一家公司都具有特殊性。任何事情有共性、有特殊性，每一个人也都是很特殊的个体。但是，我们做事要有共同的标准，也要根据实际情况去调整。

中国人传道、授业、解惑，是师父带徒弟的方式，带到一段时间，师父会把徒弟叫来："教你的那几个招数都记得吗？"徒弟说："我统统记得。"师父会说："再学三年，不会就不让你下山了。只是记住我的招数,你怎么去打仗呢?我教你这样,敌人偏偏那样打,你怎么办呢?"

再过三年,师父问他:"教你的招数,你都记得吗?"徒弟说:"我都忘光了,只剩下三招还记得。"师父说:"再学一年。"

一年时间到了,师父问:"教你的招数都记得吗?"徒弟说:"统统忘光了。"师父听罢,说:"你可以放心地下山了。"

同样道理,尽信书不如无书!因为书上写的都是过去的事情,而一切都在变。

真理妙不可言,但是先决条件是要体会得到,否则怎么妙不可言?一般人总是说"把道理告诉我",实话说,这是无法做到的事情。佛教参禅总是"不可说",自有其道理。

既然道理是如此琢磨不定、奥妙无穷,我们做事合不合理,又如何判断呢?我们又从何入手去理解呢?我认为,要理解四个字:

"位""时""中""应",这是做事合理与否的基本测试法则。

做事先定位,位置不同则道理不同

"位",是位置的"位"。

《易经》最重要的思想就是"位",我们现代人也很重视位置。人生其实就是抢位置而已,没有抢到位置,有天大的本领也无处施展——因为你不在那个位置上。但是,如果去抢,你就是别人的敌人。

所有的管理都是从定位开始的,凡是"物"都有它一定的位置。人家送货物来,我们总是说,先摆在那里,这就是最大的错误,因为你还要去搬。而任何一次搬动都要计入成本,物料搬过三次,运输成本就很高了。

物有定位,人也有定位,什么东西都有定

位，而且要一次到位。

人生就是抢位置，所有东西必须要定位；你要先把位置定下来，因为位置不同则道理不同。我们由此发展出一套伦理学，要求有长幼尊卑——有年纪比你大的在，你一定要少说话。所有的管理从定位开始。

时也，命也；势可以造，时只能等

"时"，是时间的"时"。

我们说，时也，命也。不懂得其中奥秘的人会认为这是迷信，而懂得的人不会这样认为。所以，时机好时，你少努力也会成功；时机不好时，你再努力也不会成功！

有人得意忘形："你看我多么有办法，赚了几个亿。"告诉你，那不是你的本事，那是时也，命也。时势起来时，闭着眼睛也赚钱；时势下去时，焦头烂额，一毛钱也赚不到——时机好不好，是很重要的决定因素。

有人说："我可以创造！"我不相信。西方人说可以创造，是因为他对这个"时"字不了解。我们讲的"时"有两种含义：一种叫作"时"，一种叫作"势"。"时"与"势"是不一样的：势可以造，时只能等。要守时待命。时机不好，你只能等；你不能造时，因为根本无法创造。

合理是"中"，不合理是"不中"

"位"与"势"决定事情是否合理，合理即"中"，不合理即"不中"。解决问题要看"中"与"不中"。

遇到问题，我们首先要想一想：时机对不对？比如，你有事要去找老板，而老板正在发脾气，这个时机绝对不对。所以，要马上转变方向——时机不对就不能讲。

其次,我们要想一想:势头好不好?一看自己势单力薄,就不如不讲。你一讲就会被老板否决,而此时再造势的话,他认为你是在威胁他。所以,我们只能说"没有事",如此,我们的势头才会大。有的事情要一个人去讲,有的事情要好几个人去讲;有些话要让别人讲,有些话要自己讲,有的事情大家都不讲,这就是势头的问题。

再次,我们要看看自己的身份,讲这些话合适不合适?身份不对就不能讲话。

另外,我们还要看看场合讲这些内容是否合适。

做事合理与否看看反应就知道

"应",是反应的"应"。

事情合理与否,一看反应就知道了。大家反

应好,命中;大家反应不好,不命中,要赶快修改。所以,中国人经常变来变去,那是在调整。

你向老板汇报说:"这件事情很不顺利。"他的脸色不好看,他是在暗示你:在这个场合不要讲这种话。你接着说:"不过跟以前比起来还算不错,但是大家还是要努力。"老板的脸色马上就好转了。实际上,你的意图是在测试他的反应好不好。

中国人赞成与不赞成有时是一样的。说赞成,是有条件的赞成,不合乎他的条件,他就反对;说反对,也是有条件的反对,只要条件一改变,他马上赞成。西方人和我们不同,西方人说反对就是反对,说赞成就是赞成。

你去听王先生讲课,回来别人一定会问你:"他讲得怎么样?"你说:"他真会讲。"看别人脸色不对,你赶紧说:"不过,讲了半天不晓得在讲什么。"这些话里没有文法的错误,但是前后是不一致的。如果你说："王先生口才很差，词不达意。"一看别人脸色不对，你也会改口说："不过很奇怪啊，今天讲得有条有理。"

说话的人随时可以调整自己。这种人不是拍马屁，但过去我们总是把这种人当作小人。

孔子一生最了不起的就是他悟出来五个字，叫作"无可无不可"。梁启超当年读到这句话时气得要死——孔子脚踏两只船，糊涂虫。可就可，不可就不可，什么叫"无可无不可"！可是当他读了很多书、当他有了历练以后，他就很信奉孔子的"无可无不可"——这是一种很高的境界。

灵活运用合理的标准

"时""位""中""应"这四个字是判断做事合理与否的重要标准。但是，这些标准每个人在运用时，可能会遇到不同的情况。我们应该如何去掌握这些原则呢？

有一次，我在一位老板的办公室里面，一位经理来找他谈问题。

老板："这件事情你跟其他部门主管商量过没有？"

经理："没有。"

老板："你先去跟他们商量，因为我要知道大家的想法怎么样，我才能够判断，才能够做决定。"

老板这样做是有道理的。

老板："你这件事情跟其他部门经理谈过没有？"

经理："谈过了。"

老板冷笑："谈过了你们决定就好了，还问我干什么？"

老板讲得也很对——你们多数都认为这样，

还问我干什么?你们决定就好了。

这样一来,那个经理不知所措(大多数中国人有这个特点,就是他不会当面去顶撞老板,他不服是心里不服,但不会表现出来),私底下问我:"曾老师你看看,这种人反复无常啊。君威难测,老板一会儿这样、一会儿那样,只有我倒霉了,我是中层干部,怎么猜都猜不对啊。"

我告诉他:"老板是有原则的,不是反复无常,是你自己没有搞对。"

如果大家决定到西班牙去旅游,各部门都同意之后,再问老板同意不同意显然不妥。这种事情如果没有老板授意,谁敢去找他谈?除非老板说,我们以前都在国内旅游,今年改一个地方,到国外去,你才敢去谈。反过来说,有些事情一定要各部门意见比较一致,老板才会同意。比如说,大家星期六统统不休假来加班,而且没有加班费。这种事情老板不能决定,要问问各个部门的意见,大家都同意,他才敢决定。

这是因为事情的性质不一样,并不是领导出尔反尔。有些事情要先请示,你才可以有所动作;有的事情要先在部门之间协调,然后把建议呈上去再由老板来决定。可见,道理是变动的。很多人挨了老板的骂,总是觉得不对,其实是自己错了,老板并没有错。我们应该灵活运用合理的标准来处理事情。

干部没有权力批评老板

没有当过老板的人,一辈子可能都不了解老板。所以,我们要警惕自己,不要总是批评老板。部属是没有权力批评老板的,因为部属永远不了解老板。

老板占据的这个位置,是我们永远无法企及的,理似乎永远在他那里,他总是占优势的一方。作为部属，怎样去做合理的判断？又怎样能够在做出合理判断的情况下，尽量不去得罪老板，不去做一些他看着不太适合的事情呢？

《易经》里有"当位"和"不当位"的概念。就是说，在这个位置上合适不合适，用现在的话讲，叫作称职不称职。老板如果是当位的，我们当然服从他，不服从他，就是自找倒霉，就是制造麻烦。可是，他如果不当位，怎么办？有的老板是不当位的，他没有资格当老板，但他却是老板。我常问这种人："你凭什么当总经理？"他说："这是我老爸的事业，我当然应该当总经理了。"

那么，是不是说老板、总经理永远有理，做部属的永远没理呢？

身居高位的人，一定要以大适小，要谦虚。

很多人说，过分谦虚就是虚伪。我不赞成这句话，任何事情都可能过分，只有谦虚永远不过分——天外有天，人上有人。所以，中国人都先不说话，一是听，二是听，三还是听，觉得可以说了才说，人家比自己高明的话，就不说——说些没有用的干什么？那是自己找难堪。

判断一个人做事合理与否，是一个比较深层次的问题，我们从中国文化传统的角度、从文化精髓出发，做了一些讲解和阐述，总结出了四个字："位""时""中""应"。这四个字所包含的精神内涵是非常丰富的，需要大家在具体的运用过程中，不断地去体会，并根据自己的情况，做出合理的判断。